Schlag die Hand nicht aus

Hinweise – Meinungen – Informationen
zum Thema
Blindsein und mit Blinden leben

Mit einem Geleitwort
von Prof. Dr. Theodor Schober

R. BROCKHAUS VERLAG WUPPERTAL

Umschlaggestaltung: Carsten Buschke, Solingen
Umschlagfoto: Hans Lachmann, Düsseldorf; moderne Edelstahlplastik in Rothenburg o. d. T. „Christus heilt Blinden“
Druck: Herm. Weck Sohn, Solingen

ISBN 3-417-24064-6

Ein Buch für blinde Menschen
sowie für diejenigen unter uns,
die bereit sind, ihnen zu helfen
und sich von ihnen helfen lassen

GELEITWORT

Die Blindheit der »Sehenden«

»In der Bundesrepublik Deutschland leben etwa 4½ Millionen behinderte Menschen jeder Art. Aber im Bewußtsein der Gesunden sind sie kaum vorhanden. Sicher gibt es Institutionen und einzelne Menschen, die sich um die vielfachen Bedürfnisse der Behinderten kümmern. Doch die Mehrzahl der Bürger unseres Landes will nicht mit ihnen leben. Eine ständige Gemeinschaft mit ihnen scheint mit unüberwindlichen Schwierigkeiten verbunden zu sein. Liegt es daran, daß das Mitleid fehlt? Ich glaube kaum. Und Mitleid ist sicher auch das letzte, was Behinderte erwarten. Vielleicht liegt es an Unwissenheit und Hilflosigkeit. Oder vielleicht daran, daß es an Unbefangenheit und Verständnis fehlt? So wird es schwer, zu einem lebendigen Kontakt zwischen Gesunden und Behinderten zu kommen.«

Wenn diese Beurteilung aus der Feder eines Sehenden stimmt, muß unsere gesamte Gesellschaft – die Kirche voran – eine Gegenbewegung einleiten. Vielleicht bietet das »Jahr des Behinderten« 1981 dazu auch manchen äußeren Anstoß. Aber mit schönen Reden und guten Vorsätzen allein ist es nicht getan.

Wir müssen einfach mehr wissen über Behinderungen und besser vom andern her zu denken lernen. Das ist doch die eigentliche Wurzel weitgespannter Gedankenlosigkeiten und sicher nicht bösgemeinter Unaufmerksamkeiten, daß wir uns nicht genug Mühe geben – oder schon sehr früh davor fliehen?! –, um zu erkennen, wie von dem Platz des andern aus sich die Welt darstellt.

Das vorliegende Buch bietet dazu eine großartige Hilfe. Es klärt auf und leuchtet die Hintergründe aus. Es ermutigt zum Abbau von Angst und zum Überschreiten mancher hemmenden Schwelle; es zeigt konkrete Schritte auf und scheut sich auch nicht, allgemeine Ratschläge zu geben. Dafür gebührt dem Autor großer Dank! Wäre er nicht selbst blind, hätte er dieses Buch wahrscheinlich nicht so hilfreich schreiben können.

»Schritte sind notwendig – zaghafte, kleine Schritte vielleicht – Schritte aber immer von beiden Seiten. Daß wir aufeinander zugehen – voneinander lernen – ohne einander nicht sein wollen – miteinander unseren Vater im Himmel preisen« – das ist das Kursbuch einer diakonischen Kirche. Jeder Ort ist ein Einsteigebahnhof in die Züge gelebter Barmherzigkeit. Keiner dieser Züge fährt in eine Sackgasse. Denn jedem, der Liebe schenkt, gehört die Zukunft.

Ihr sollt sehen . . . ist die Verheißung Jesu Christi, von der die Blinden und die Nichtblinden allein leben. Darin sind wir einander gleich, daß wir auf diesen Herrn hin leben und sterben dürfen und seiner Verheißung glauben können: Siehe, ich mache alles neu.

Stuttgart, im Advent 1980

Dr. Theodor Schober
Präsident des Diakonischen Werkes der Evangelischen Kirche in Deutschland und des Internationalen Verbandes für Innere Mission und Diakonie.

INHALT

Vorwort 9

I. Kontakte – der blinde Mensch in seiner Umwelt 11

1. Schwierigkeiten von seiten der Sehenden 11
2. Schwierigkeiten von seiten der Blinden 15
3. Schwierigkeiten überwinden 18

II. Wie leben Blinde mit ihren Ängsten? 23

1. In Ängsten 24
2. . . . und siehe wir leben 28

III. Ist christlicher Glaube Lebenshilfe für blinde Menschen? – Ergebnisse einer Umfrage 34

1. Zur Vorgeschichte der Umfrage 34
2. Der Fragenkatalog 36
3. Allgemeine Bemerkungen zur Umfrage 37
4. Mit der Blindheit leben 40
5. Der Glaube als Lebenshilfe 45
6. Ist Blindheit Führung Gottes? 48
7. Wozu? – die Frage nach dem Sinn 51
8. Blindheit – eine besondere Aufgabe? 56
9. Der Einfluß der Blindheit auf den Glauben 60
10. Die Frage nach der erleichterten oder erschwerten Konzentration 63
11. Sind Blinde besonders gläubig oder besonders ungläubig 65
12. Wie können wir helfen? 68

IV. Die Kirche und ihre blinden Gemeindeglieder 73

1. Grundsätzliche Überlegungen zur Frage der Integration 73
2. Blinde in der Beziehung zu ihrer Gemeinde 77
3. Blinde als aktive Mitarbeiter in der Gemeinde 79
4. Erfahrungen und Berichte 81
5. Schlußbemerkung 85

V. . . . der geht getrost den dunklen Pfad. – Erlebnisse die mir zu denken geben 86

1. Er sieht's ja nicht ... 87
2. Was man meiner Mutter sagte ... 88
3. Hilfe, unser neuer Pfarrer ist blind! ... 90
4. Ein Blinder saß am Weg und bettelte ... 92
5. Noch so jung – und schon blind ... 94
6. »Liebe ist nicht nur ein Wort« ... 95
7. Freude anders lernen ... 97
8. Im Gebirge ... 99
9. In der Straßenbahn ... 101

VI. Wenn Sie Blinden begegnen ... 103

1. Allgemeine Ratschläge ... 103
2. Blinde Kinder ... 108
3. Blinde Jugendliche ... 112

VII. Blindenseelsorge ... 116

1. Fakten und Zahlen ... 116
2. Wer ist blind bzw. hochgradig sehbehindert? ... 117
3. Eine ausführliche Rechtfertigung Evangelischer Blindenseelsorge 118
4. Was ist nun aber die besondere Situation des blinden Menschen? 119
5. Der Versuch einer Antwort auf die Frage nach dem Sinn ... 123
6. Evangelische Blindenseelsorge – ihre Geschichte im Überblick .. 124
7. Die Arbeit Evangelischer Blindenseelsorge heute geschieht im wesentlichen in vier Bereichen: ... 128
   a) Freizeiten und Tagestreffen ... 128
   b) Die Zeitschriften ... 130
   c) Die Evangelische Blindenhörbücherei ... 131
   d) Die Einzelseelsorge ... 132
8. In der DDR und in anderen Ländern ... 133

Nachwort ... 135

Anmerkungen ... 139

VORWORT

Den Titel dieses Buches entnehme ich einem Gedicht meines allzu früh verstorbenen väterlichen Freundes und Vorgängers im Amt der Leitung des Christlichen Blindendienstes, Heinz Berner[1]:

> Schlag die Hand nicht aus,
> die nach deiner sucht,
> die dir eine Brücke schlägt
> über abgrundtiefe Schlucht.

»Schlag die Hand nicht aus« – das ist richtungweisend für alles, worum es in diesem Buch geht.

Einander Hände reichen – Hände ergreifen – einander annehmen: ist es nicht diese Bewegung, die unser Leben letztlich zum Leben macht? Weil Gott uns seine Hand entgegenstreckt, um unsere – oft betend, öfter noch hilflos, manchmal abweisend – ausgestreckte Hand zu ergreifen, darum ist es auch uns Menschen möglich, einander Hände zu reichen – betende Hände – hilflose Hände – abweisende Hände – und immer doch auch helfende Hände.

Im Leben eines blinden Menschen spielt dies alles eine entscheidende Rolle. Oft genug ist er darauf angewiesen, daß sich ihm helfende Hände bieten. Er wird dafür dankbar sein. Und er wird, wenn er je sich um die letzten und tiefsten Fragen nach dem Sinn seines behinderten Lebens müht, auch dankbar die Hand Gottes ergreifen, die über alle äußere Hilfe hinaus in letzte Tiefen hinein zu helfen vermag. Wem auf solche Weise geholfen ist – von Gott und von den Menschen –, der wird seinerseits helfende Hände zu reichen bereit sein, um betend und hilflos ausgestreckte Hände anderer helfend zu ergreifen.

»Schlag die Hand nicht aus« – im Blick auf das vorgelegte Buch meint dies Motto beides: Ergreife die Hand, die sich dir hilfeversprechend darbietet; ergreife ebenso aber die Hand, die sich dir bittend und hilfeheischend entgegenstreckt.

Schon daraus wird deutlich, daß die Ausführungen dieses Buches weder rein informatorisch ausschließlich sehende Leser, noch ermunternd und Hilfsmöglichkeiten aufzeigend ausschließlich blinde Leser ansprechen wollen. Beide Gruppen von Lesern sind ständig im Blick – das einemal mehr diese, ein anderesmal mehr jene.

Schließlich sei darauf hingewiesen, daß die Kapitel dieses Buches ursprünglich zu unterschiedlichen Gelegenheiten als Vorträge gehalten wurden. Bei der Ähnlichkeit der Thematik ließen sich trotz gründlicher Überarbeitung an einzelnen Stellen Überschneidungen und Wiederholungen nicht gänzlich vermeiden. Ich bitte dafür um Verständnis.

Die Thematik dieses Buches ist – davon gehe ich aufgrund langjähriger eigener Erfahrung aus – für blinde Menschen meist von erheblicher Bedeutung. Eingeflochten sind Hinweise mannigfaltiger Art – in der Regel solche, die das Zusammenleben Sehender und Nichtsehender betreffen. Sodann handelt es sich um Informationen, die für dieses Zusammenleben eine notwendige Grundlage bilden, und schließlich um Meinungen, wie sie unter anderem als Ergebnisse von Umfragen zutage traten.

Was die Fülle der einschlägigen Literatur betrifft, so war es weder beabsichtigt noch möglich, diese lückenlos auszuwerten. Daß die Auswahl der erwähnten Bücher und der ihnen entnommenen Zitate daher rein zufällig erscheinen muß, nehme ich in Kauf und bitte die Leser auch dafür um Verständnis. Alles in allem hoffe ich, Blinden wie Sehenden mit den Darlegungen dieses Buches Wege zeigen zu können, die sie in echter Partnerschaft und gegenseitiger Hilfe miteinander zu gehen in der Lage sind.

Marburg im März 1981 — Hans Rupp

I. Kontakte – der blinde Mensch in seiner Umwelt

Keiner von uns lebt – wie Robinson – auf einer einsamen Insel. Wir alle bewegen uns in einer vielschichtigen Umwelt, in der wir – ob wir wollen oder nicht – auf irgendeine Weise – auf welche Weise? – miteinander umzugehen haben. Vermutlich sind wir alle – behindert oder nichtbehindert – in erster Linie geneigt zu fragen: Wie gehen die anderen mit mir um? Dazu gehört dann zwangsläufig die Gegenfrage: Wie gehe ich mit dem anderen um?

Kontakte – Kontakte des blinden Menschen mit den ihn umgebenden Sehenden – Kontakte der Sehenden mit ihm – über derartige Beziehungen wäre vieles mitzuteilen und ist vieles zu bedenken – Erfreuliches wie Unerfreuliches. Die Erfahrungen blinder Menschen in ihrer Umwelt sind unterschiedlich. Davon wird in den folgenden Kapiteln die Rede sein. Wie aber erklären sich solche unterschiedlichen Erfahrungen?

1. Schwierigkeiten von seiten der Sehenden

Oft sind Nichtsehende mit einer Antwort auf die gestellte Frage schnell bei der Hand: Wenn ein normaler, ungezwungener und unbelasteter Umgang nicht gelingt, dann liegt dies selbstverständlich an den Sehenden. Sie verstehen nicht, mit Blinden umzugehen. Wenn der Umgang jedoch trotz allem einmal gelingt, dann sei dies ein kaum zu erwartender Glücksfall.

Das wäre eine vorschnelle und wohl auch vordergründige Antwort. Gewiß, es läßt sich nicht bestreiten, daß Sehende Blinden gegenüber vielfach gehemmt sind. Sie haben den Eindruck, einer anderen Welt zu begegnen, in der sie sich nicht ohne weiteres zurechtfinden. Aber Vorurteile und Pauschalzuschreibungen erschweren in jedem Fall einen ungezwungenen Umgang zwischen Behinderten und Nichtbehinderten. Sicher wird heute niemand die Sätze Diderots[2] wiederholen, bei Blinden handle es sich um

Menschen »ohne Sitte und Schamhaftigkeit«, ihnen mangele es an religiösem Gefühl, sie seien »ohne Mitgefühl und von Natur aus grausam«. Hier würde man sofort die oben genannte Gegenfrage stellen müssen: Wie ging das Altertum denn mit Behinderten um? Der Blinde, wollte er leben, hatte zu betteln. Da war nicht viel Raum für charakterliche Festigung, noch weniger für Schamhaftigkeit. Es gibt aber auch genügend Beispiele, die deutlich machen, daß bis in unsere moderne und aufgeklärte Zeit herein Vorurteile Behinderten gegenüber nicht auszurotten sind.

Selbst Behörden sind von solchen Vorurteilen nicht frei. So kam mir vor Jahren ein »Fall« zu Ohren, der mich damals empörte – und er würde mich auch heute wieder aufregen: Einer Erblindeten wurde die Zahlung eines ihr zustehenden Geldbetrages vorläufig abgelehnt mit der Forderung, zunächst müsse für sie, da sie erblindet sei, doch wohl ein Vormund bestellt werden!

Vorurteile müssen sich nicht derart ausgeprägt äußern. Daß sie trotzdem vorhanden sind, entnehmen Sie dem folgenden Zitat. Eine Journalistin unternahm eine Rundreise durch Einrichtungen des Blindenwesens. In ihrem Bericht spricht sie unter anderem auch über ihre früheren Vorurteile.

»Als ich in das Berufsförderungwerk ging, hatte ich eine sehr ernste Atmosphäre erwartet. Ich war innerlich auf ein bedrückendes Erlebnis gefaßt gewesen. Die blinden Umschüler aber stellten diese vorgefaßte Meinung in Frage. Erleichtert kann ich meinen Selbstschutz aufgeben und die Angst vor zuviel seelischer Belastung fallenlassen. Mir fällt auf, was ich nicht für möglich gehalten hätte: daß sie sich beispielsweise wie Studierende an anderen Institutionen verhalten könnten, daß sie sich während des Unterrichts ebenso anstoßen, lachen, nach der Uhr ›schauen‹ und lärmend auf dem Gang verschwinden, als das Pausenzeichen ertönt.[3]«

Im Nichtsehenden fürchtet man also einer völlig anderen Welt zu begegnen – selbst dann, wenn man gehört hat, Blinde seien durchaus normale Menschen, und dies Gehörte auch halbwegs glaubt. Selbst dann bleibt bei vielen ein gewisses Unbehagen. Menschen denken, irgendwie anders sei der Blinde wohl trotz allem. Man könne nicht über alles mit ihm reden, fürchtet man.

Der Sehende ahnt wohl, daß es Dinge gibt, die er bei einem Nichtsehenden nicht ohne weiteres voraussetzen kann. Er weiß aber nicht immer mit letzter Sicherheit, welche Dinge dies sind. Darum hält er sich, um nicht aufdringlich oder gar beleidigend zu wirken, zurück. Wenn beispielsweise jemand an einem Blinden vorübergeht, ohne ihn über die Straße zu führen – könnte das nicht ein Ausdruck eben dieser Unsicherheit sein? Muß er nicht fürchten, der Blinde werde ihm – unfreundlich manchmal – zu verstehen geben, das könne er noch allein?

Nicht zu wissen, was er bei Nichtsehenden voraussetzen kann und was nicht, verursacht dem Sehenden Hemmungen. Vermutlich sind solche Hemmungen die Ursache dafür, daß viele Sehende nicht den Blinden selbst anreden, sondern seinen Begleiter. »Seid wann ist er denn blind?« Oder – sogar auf Ämtern –: »Wann ist ihr Mann denn geboren?« Ohne Zweifel kann man diese Fragen dem Blinden selbst stellen. Aber man ist gehemmt. Man fühlt eine gewisse Scheu, mit dem Blinden Kontakt aufzunehmen. Gelegentlich freilich trägt die Begleitperson des Blinden daran eine gewisse Mitschuld. Sie eröffnet und führt das Gespräch. Der Blinde hält sich bewußt zurück, weil er es lächerlich findet, wenn ständig zwei gleichzeitig reden und einander wie im Echo wiederholen. Was anders soll der Gesprächspartner in solchen Fällen aber tun, als das Gespräch mit der Begleitperson des Blinden führen? Ich habe es andererseits jedoch auch erlebt, daß mir ein mir völlig fremder Mensch kameradschaftlich auf die Schulter klopfte und sagte: »Komm her, ich nehme dich mit« – ein sicher etwas unbeholfener, aber doch ehrlich gemeinter Versuch, vorhandene Hemmungen zu überwinden.

Soviel zu der vorschnellen und vordergründigen Antwort, die die Schuld an der beklagenswert häufigen Kontaktlosigkeit zwischen Blinden und Sehenden, den Sehenden allein zuschreiben will.

Blinde, die den Eindruck haben, in ihrer Umwelt abseits zu stehen, sollten sich auch die Schwierigkeiten deutlich zu machen versuchen, die der Sehende hat, Blinde in rechter Weise zu begreifen.

Die folgenden Sätze eines Sehenden sind einfach wahr:

»In der Bundesrepublik leben etwa $4^1/_2$ Millionen behinderte Menschen jeder Art. Aber im Bewußtsein der Gesunden sind sie kaum vorhanden. Sicher gibt es Institutionen und einzelne Menschen, die sich um die vielfachen Bedürfnisse der Behinderten kümmern. Doch die Mehrzahl der Bürger unseres Landes will nicht mit ihnen leben. Eine ständige Gemeinschaft mit ihnen scheint mit unüberwindlichen Schwierigkeiten verbunden zu sein. Liegt es daran, daß das Mitleid fehlt? Ich glaube kaum. Und Mitleid ist sicher auch das letzte, was Behinderte erwarten. Vielleicht liegt es an Unwissenheit und Hilflosigkeit. Oder vielleicht daran, daß es an Unbefangenheit und Verständnis fehlt? So wird es schwer, zu einem lebendigen Kontakt zwischen Gesunden und Behinderten zu kommen.[4]«

Freilich gibt es auch das andere – in den zitierten Sätzen klingt es schon an: Der Anblick von Behinderten ist nicht für jeden zu ertragen. Man vertreibt eine Schar geistig behinderter Kinder vom Strand – man zieht aus Heimen aus, wenn Behinderte hinzukommen. Man fühlt sich gestört. Der Behinderte – erst recht dann, wenn er »in Scharen« auftritt – könnte einen daran erinnern, daß Gesundheit und Jugend kein unverlierbarer Besitz sind. Und die Erholung hängt davon doch ab, daß man an Jugend und Gesundheit glaubt. Bei einigem Nachdenken muß man vielleicht auch in diesem Zusammenhang nicht von Böswilligkeit reden – oder von der Bequemlichkeit, die fürchtet, zugreifen und helfen zu müssen. Vermutlich spielt hier eher eine dumpfe, ungewisse Angst eine Rolle – Angst vor einer Bedrohung, die auf einen zukommen könnte – eine Art unbewußte Abwehrreaktion also, die von der Vorstellung genährt ist: »Das könnte auch dein Schicksal sein.« Fraglos gibt es dann auch Ferienmanager, die vor dieser dumpfen Angst ihrer Gäste wiederum selbst Angst haben, sie könnte sich negativ auf ihrem Bankkonto niederschlagen. Begreiflicherweise tun sie dann alles, um den Anblick der Behinderung von ihren Erholungsgästen fernzuhalten.

Ich habe versucht, deutlich zu machen – da ich selbst von Geburt an blind bin, wird man mir diesen Versuch vielleicht eher abnehmen als einem Sehenden –, welche Schwierigkeiten auf seiten der Nichtbehinderten vorhanden sind – Schwierigkeiten, die sie daran hindern, Kontakt mit Behinderten aufzunehmen, den diese doch so dringend benötigen. Es ist nun freilich ebenso nachzudenken über die

2. Schwierigkeiten von seiten der Blinden

Liegt es nicht auch – das muß, wenn wir über die mangelnden Kontakte zwischen Blinden und Sehenden reden, ebenso betont werden – weithin an den Blinden selbst, wenn unbelastete Kontakte nicht gelingen? Gibt der Nichtsehende dem Sehenden nicht häufig genug Anlaß für seine Hemmungen? Er wirkt empfindlich. Er gibt sich so, als sei er tatsächlich anders. Er sagt dem Sehenden nicht eindeutig, was dieser bei ihm als selbstverständlich voraussetzen kann und was nicht. Das einemal beklagt er sich, wenn ihn keiner anfaßt, um ihn zu führen. Ein anderesmal stößt er den, der ihn führen will, zurück, weil er nicht so blind erscheinen will, wie er ist. Manch einer aber, der sich auf diese Weise selbst zum Außenseiter macht, fühlt sich in der Rolle des Märtyrers noch wohl.

Ich habe bewußt überspitzt formuliert, weil es an der Zeit ist, daß auch der Nichtsehende begreift, wo er es dem Sehenden schwermacht, ungezwungen mit ihm umzugehen.

Ob sich der Nichtsehende »normal« verhält, wird freilich oft auch an der Erziehung liegen, die ihm zuteil geworden ist. Aber es liegt wohl nicht nur daran. Entscheidender noch scheint mir die Frage, ob einer gleich die Flinte ins Korn wirft und resigniert – oder ob er alle seine Kräfte zusammenfaßt und selbst in die Hand nimmt, was andere sich nicht in die Hand zu nehmen trauen. Häufig ist es in der Tat Schuld der Behinderten selbst, wenn andere sie für schwierig oder gar für unnahbar halten. Es ist deshalb Schuld der Behinderten, weil sie sich vorschnell anders und benachteiligt empfinden. Noch einmal: Oft liegt es zwar an denen, die das blinde Kind gleichsam in Watte packten, vor Mitleid zerflossen oder um ihres blinden Kindes willen ein schlechtes Gewissen hatten – jedoch bei weitem nicht immer.

Die weitaus meisten Sehbehinderten sind erst später erblindet. Sie sind vorher selbständige Menschen gewesen. Sie haben gewußt, was sie wollten, und haben sich im Leben durchgesetzt. Warum soll dies nun auf einmal nicht mehr möglich sein? Warum fehlt nun mit einemmal die Energie?

Dies muß keineswegs so sein. Wenn Sehende den Nichtsehenden schwierig oder gar unnahbar finden, dann sollte der blinde Mensch immer zuerst sich selbst fragen: An welcher Stelle müßte ich kontaktfreudiger sein? Wo müßte ich meine Empfindlichkeit aufgeben? Wo ist aus einem sehnlichen Wunsch, den mir vermutlich niemand übelnehmen würde, eine egoistische Forderung geworden?

Den Wunsch hätte man verstanden. Die Forderung weist man möglicherweise zurück.

»Nicht Mißtrauen, sondern viel Ungeduld liegt oft als Schatten auf dem Zusammenleben von Blinden mit Sehenden. Bedenkt man, in welch hohem Maße der Nichtsehende in äußeren Dingen von der Hilfe eines Sehenden abhängt, und wie unzulänglich diese Hilfe trotz gutem Willen oft ist, so wird eine gewisse Unbeherrschtheit und Reizbarkeit verständlich. Trotzdem muß aber der Blinde um seiner selbst und des anderen willen lernen, sich möglichst zu beherrschen und anzupassen. Dies wird ihm leichter fallen, wenn er nicht ausschließlich an seine Behinderung denkt, sondern auch daran, wie schwierig es für einen sehenden Menschen ist, sich immer wieder darauf einzustellen.[5]«

Hier ist also unsere menschlich allzu menschliche Ungeduld angesprochen. Und wer wollte von sich behaupten, daß er davon frei sei?! Ungeduld belastet in jedem Fall unser Zusammenleben und trägt häufig dazu bei, daß Kontakte nicht zustande kommen oder bald wieder abbrechen.

Folgende Sätze nehmen einen Gedanken auf, den ich bereits andeutete:

»Bei dem heutigen Verkehr braucht auch ein Blinder viel Nervenkraft und Konzentration, wenn er in der Stadt allein geht. Mancher ist mit Recht stolz darauf, daß er es trotz Schwierigkeiten noch kann. Daher reagiert er ungehalten, wenn ein Sehender ihm beim Überqueren einer Straße helfen will, die ihm wohlvertraut ist. Begreiflicherweise fühlt sich der Sehende gekränkt und läßt den nächsten Blinden, der vielleicht wirklich Hilfe braucht, vermutlich stehen.[5]«

Diesen Tatbestand übersehen wir so leicht: Wenn wir mit Menschen umgehen, dann geht es nie nur um dieses augenblickliche, konkrete Geschehen. Es geht nie nur um mich. Es geht immer zugleich um die anderen, die es irgendwann einmal mit derselben Behörde oder demselben einzelnen Sehenden zu tun haben werden. Wie rasch wird aus meinem Verhalten – meiner ungeduldigen Reaktion etwa – der Schluß gezogen: So also sind die Blinden.

In diesem Zusammenhang ist auch darüber nachzudenken, daß es Verhaltensweisen Behinderter gibt, die abstoßend wirken. Es wird sehr darauf ankommen, daß der blinde Mensch lernt, solche Verhaltensweisen zu vermeiden. Der holländische Erzieher Heslinga zählt eine Fülle derartiger Dinge auf. Einige, wahllos herausgegriffene Sätze mögen verdeutlichen, was gemeint ist.[6]

»Um herauszufinden, auf welchem Teil des Tellers sich die verschiedenen Bestandteile der Mahlzeit befinden, betasten manche Blinde diesen mit der linken Hand . . . Es zeigt sich, wie nachteilig es für Blinde ist, daß sie nicht in der Lage sind, in den Spiegel zu sehen oder einen prüfenden Blick über ihre Kleidung zu werfen... Eine gute Rasur sieht man selten, denn meist bleiben beim Rasieren hier und da Bartstoppeln stehen.«

Vieles von dem, was Heslinga in diesem Zusammenhang aufführt, ist keineswegs nur typisch für Blinde. Man findet es bei Sehenden ebenso. Korrektheit in Kleidung und Benehmen hängt nicht primär von der Leistungsfähigkeit der Augen ab. Allerdings gilt es der – zwar bedauerlichen, aber wohl kaum zu ändernden – Tatsache nachzudenken: Wenn ein Sehender sich auf diese oder jene Weise unkorrekt verhält, sucht man die Wurzel dafür in der »Kinderstube« dieses einzelnen. Findet man das gleiche bei einem Nichtsehenden, so führt dies – mit gleichsam zwingender Automatik – zu jenem Pauschalurteil: So sind die Blinden. Darum ist die Notwendigkeit unbestritten, daß der Nichtsehende unter allen Umständen solche Verhaltensweisen zu vermeiden sucht, die auf Sehende abstoßend wirken. Ich bin sicher, die Arbeit an sich selbst

– beim Essen, bei der Körperpflege, in der Kleidung – ist eine wesentliche Voraussetzung für das Zustandekommen und Durchhalten von Kontakten. Wir leben nun einmal in einer Welt, die weitgehend auf das Auge ausgerichtet ist. Es hilft nichts, dagegen zu protestieren. Der Hinweis darauf, daß das Herz – das Wesen – eines Menschen wichtiger sei als das, was vor Augen liegt, ist zwar unbezweifelbar richtig; aber wir ändern mit diesem Hinweis nichts an der Tatsache, daß der Sehende den ersten Kontakt über das Auge aufnimmt. Hat sich durch einen solchen ersten Augenkontakt ein Vorurteil gebildet, wird es schwer sein, den falsch Urteilenden eines Besseren zu belehren. Um so lobenswerter für den Nichtsehenden, wenn es ihm dann doch noch gelingt, hinter seiner unansehnlichen Schale einen guten und liebenswerten Kern sichtbar zu machen.

Damit ist der nächste Schritt in unseren Überlegungen eigentlich bereits getan:

3. Schwierigkeiten überwinden

Das zuletzt Gesagte läßt sich in den Sätzen des folgenden Zitates gleichsam zusammenfassen:

»Immer wieder müssen die Betreffenden erfahren, daß es nicht nur auf Fleiß und Intelligenz, sondern auch auf die äußere Erscheinung und das richtige Verhalten ankommt, wenn man von sehenden Kollegen und Freunden akzeptiert und als gleichwertig anerkannt werden möchte.«
»Für den Begleiter eines Blinden ist es natürlich immer peinlich, wenn dieser durch sein äußeres Benehmen in irgendeiner Weise unangenehm auffällt.[5]«

Wenn es schon um diejenigen geht, auf deren Hilfe der Nichtsehende angewiesen ist, dann sollten uns auch die folgenden Sätze aus dem gleichen Büchlein zu denken geben:

»Beachten Sie bitte, daß Ihr sehender Partner auch ein Mensch ist und Nerven hat. Platzen Sie ihm nicht einfach in ein Telefongespräch hinein; unterbrechen Sie ihn nicht einfach in der Arbeit. Seine Zeit ist genauso wertvoll wie die Ihre.«

Auch in diesen Sätzen geht es einmal mehr um unsere Geduld. Zugegeben: es ist nicht immer leicht, geduldig zu bleiben. Aber daran besteht kein Zweifel: Ungeduldig erzwungene Kontakte sind in der Regel nicht von Dauer.

In der »Blindenselbsthilfe« Nr. 3/76 antwortet Klaus Moritz auf einen Artikel aus einer früheren Ausgabe der gleichen Zeitschrift:

»N.N. scheint in seinem Leben nur Schwerem und Ungutem zu begegnen. Und er ist voller Bitterkeit über die Menschen – die Sehenden natürlich –, die offensichtlich alle dumm, einfältig, uneinsichtig usw. sind. Ist das nicht eine etwas einseitige Betrachtungsweise – dazu noch mit viel Empfindlichkeit? Natürlich ist Blindheit ein sehr schweres Schicksal, und es werden dem von ihr Betroffenen unzählige kleine und große Schwierigkeiten aufgebürdet. Deshalb sind Blinde auch nicht immer fröhlich und guten Mutes. Wer verlangt das denn? Sie sind andererseits auch keine Wunderkinder oder was man sonst von ihnen halten mag. Aber liegt es nicht weitgehend an uns, dafür zu sorgen, daß wir nicht als solche – und nicht als Sonderlinge – angesehen werden? . . . Ich selbst kann nur sagen, daß ich in meinem bisherigen Leben weitaus mehr verständigen und hilfreichen Menschen begegnet bin als anderen.«

Wenn wir fragen: Was können blinde Menschen tun, um aus ihrer oft so belastenden Isolierung herauszukommen? dann wird die erste Antwort lauten müssen: An sich selbst arbeiten – an der äußeren Erscheinung arbeiten – und am charakterlichen Erscheinungsbild arbeiten, von dem Bescheidenheit, Geduld, Gelassenheit nur einige Merkmale darstellen.

Dazu wird aber sofort – das ist die zweite Antwort – eine gezielte Information kommen müssen. Zunächst ohne Zweifel Information der Sehenden über Blindheit und Blinde. Die Blindenselbsthilfeverbände haben in den vergangenen Jahrzehnten viel dazu beigetragen, die Öffentlichkeit diesbezüglich zu unterrichten. Trotzdem gibt es offenbar noch immer Augenärzte, Sozialämter u. a., die nicht darüber informiert sind, an welchen Orten sich Blindenschulen befinden und welche Stellen Hilfsmittel für Blinde vertreiben – nicht zu reden von den neutralen und kirchlichen

Blindenorganisationen, die weitgehend bei den vorgenannten Personen und Ämtern unbekannt sind. Es scheint, als sei die Öffentlichkeitsarbeit der betreffenden Verbände noch immer nicht bis in den letzten Winkel vorgedrungen. Auf diesem Gebiet bleibt demnach noch eine Menge zu tun – auch im kirchlichen Bereich. Um so notwendiger ist es, daß jeder Nichtsehende an je seinem Platz diese unverzichtbare Arbeit in Angriff nimmt. Freilich: Es gibt auch Menschen, die über eine Art Naturtalent verfügen und im Umgang mit Nichtsehenden so gut wie nie etwas falsch machen, obwohl ihnen niemand je erklärt hat, was zu tun und was zu lassen sei. Aber Naturtalente sind wohl auf allen Gebieten die Ausnahme.

Aus diesem Grund darf der Blinde nicht in irgendeinem Winkel sitzen und warten, bis einer zu ihm kommt. Er sollte – wenn irgend möglich – selbst die Initiative ergreifen. Er wird die Willenskraft aufbringen müssen, auf andere zuzugehen. Er wird seinem Gegenüber sagen müssen, welche Hilfe er benötigt. Woher soll der Sehende beispielsweise wissen, ob der Nichtsehende beim Essen sein Fleisch selbst zu schneiden vermag? Ob er weiß, welche Hemden und Krawatten zusammengehören? Wie er geführt werden möchte? Ob er in der Lage ist, an der Ladenkasse selbst das richtige Geld zu finden? Woher soll der Begleiter dies alles wissen, wenn es ihm nicht mitgeteilt wird? Je mehr der Blinde dem Sehenden über seine Fähigkeiten und seine Grenzen sagt, desto seltener wird das gegenseitige Einvernehmen durch Ungeduld und Mißverständnisse gestört werden. Dann wird der sehende Partner oder Freund – vorausgesetzt daß er »normal« reagiert – weder den Blinden in einer Situation ohne Hilfe lassen, in der Hilfe erforderlich gewesen wäre, noch wird er seine Hilfe aufdrängen, wo der Blinde ohne Hilfe zurechtkommen kann. Mit einem Wort: Die Energie, so selbständig wie möglich zu werden und zu bleiben, darf dem Nichtsehenden unter keinen Umständen abhanden kommen.

In diesem Zusammenhang stellt sich sicher ein Wort ein, das in den letzten Jahrzehnten überall dort, wo es um Behinderte geht, nie fehlt: Rehabilitation. Dieses inzwischen sehr strapazierte Wort besagt im Grunde genommen nichts anderes als: Der Blinde – oder sonst Behinderte – soll (wieder) gesellschaftsfähig werden. Weitgehend scheint dies gelungen. Der blinde Mensch ist – jedenfalls, soweit es die Welt der Arbeit, seine finanzielle Sicherung u. a. betrifft – gesellschaftsfähig geworden. Ist der Behinderte durch eine geregelte Arbeit und durch finanzielle Sicherung aber tatsächlich schon rehabilitiert? Das meint: Ist er dadurch in die Gemeinschaft der Menschen voll eingegliedert? Kann eine Gemeinschaft von Menschen überhaupt auf der schmalen Basis von geregelter Arbeit und finanzieller Sicherung bestehen? Die Gründe, warum behinderte Menschen oft so erschreckend abseits bleiben, scheinen einer Schicht anzugehören, die von Leistung und Wohlstand nicht berührt wird. Wenn wir nach dem Kontakt des blinden Menschen in seiner Umwelt fragen, dann dürfen wir bei sozialer und beruflicher Rehabilitation nicht stehenbleiben. Es geht um völlig andere Probleme. Ohne Frage kann der Blinde eine Fülle von Vorurteilen Sehender aus dem Weg räumen dadurch, daß er in seinem Beruf zuverlässige Arbeit leistet – daß er ordentlich gekleidet ist und sich auch im übrigen einigermaßen »normal« verhält, etwa daß er seinen Besuchern eine ordentliche und saubere Wohnung zu präsentieren vermag. Dies alles aber genügt nicht. Wirklicher Kontakt ist mehr. Dazu gehört, daß man voneinander weiß.

Es genügt also nicht, daß die Sehenden über Blinde und Blindheit ausreichend informiert sind. Es ist von ebenso entscheidender Bedeutung, daß der Nichtsehende über die Welt, in der er lebt, ausreichend informiert ist. Wer uninteressiert in den Tag hineinlebt, kann nicht erwarten, daß irgend jemand darauf aus ist, mit ihm Kontakt aufzunehmen. Um Weltoffenheit geht es also – um das Mitreden können. Wer aber mitreden will, muß auf dem Laufenden bleiben – in der Politik beispielsweise, in der Literatur, in Wirtschaft, Wissenschaft und Technik. Ein Nichtsehender, der mit seiner Umwelt einen aufs Ganze gesehen zufriedenstellenden Kontakt wünscht, sollte mit seinen Freunden und Bekannten auch über die Tatbestände und Probleme reden können, die diesen auf den Nägeln brennen. Ist es zuviel gefordert, ein Blinder solle in seinem Drang nach Information möglichst kein Sachgebiet auslassen – unbeschadet dessen, daß selbstverständlich jeder sein Lieblingsgebiet hat, auf dem er vermutlich dann sogar besser informiert ist als sein sehender Gesprächspartner? Ich wiederhole absichtlich: Wer bleibende und befriedigende Kontakte wünscht, muß auf dem laufenden sein und mitreden können. Ein interessierter Gesprächpartner wird immer und von jedermann geschätzt.

Einige Sätze noch zur Frage nach dem Wie der Information. Ein Blinder kann ja nicht wie seine sehenden Freunde ein Buch aus dem Bücherschrank nehmen und darin blättern – wie für ihn ja überhaupt alle Informationsquellen ausfallen, die nur über das Auge zugänglich sind. Es gibt für einen Nichtsehenden heute trotzdem eine Reihe von Möglichkeiten, sich zu informieren. Hier ist das Radio zu nennen und das Fernsehen, soweit seine Informationssendungen auch über das Ohr aufzunehmen sind. Für die Blindenschriftleser – es sind dies 12–15 % der Blinden – stehen die entsprechenden Büchereien zur Verfügung sowie eine Fülle regelmäßig erscheinender Zeitschriften jeglicher Art und Prägung. Für alle Nichtsehenden ist darüber hinaus ein reichhaltiges Angebot an Literatur aus allen Gebieten der Unterhaltung und des Wissens auf Tonträgern vorhanden. Im letzten Kapitel dieses Buches wird darauf hingewiesen. Schließlich werden zahlreiche Nichtsehende – wenn nicht ständig, so doch gelegentlich – einen sehenden Partner oder Freund zur Seite haben, der ihnen aus Büchern und Zeitungen vorliest. Wer sich also informieren will, der hat dazu in vielen Fällen Gelegenheit. Und – ich wiederhole dies ausdrücklich – wer darauf Wert legt, nicht als uninteressierter »armer Blinder« auf der Strecke zu bleiben, sollte jede Gelegenheit nutzen, die sich ihm zur Information und Weiterbildung bietet.

II. Wie leben Blinde mit ihren Ängsten?

Es hat mir zu denken gegeben, als eine Psychologin einen Vortrag über die Angst[12] mit den Worten begann: »Ich hätte viel lieber über Freude oder sonst etwas Schönes gesprochen.« Über Angst redet man offenbar nicht gern – eine Beobachtung, die ich selbst bei vielen Gelegenheiten bestätigt fand. Möglicherweise ist es tatsächlich so etwas wie ein zweischneidiges Schwert, über Angst zu reden. Einerseits kann es durchaus befreiend wirken, auszusprechen, was einen bedrängt. Andererseits aber kann es geschehen, daß mir das, worüber ich rede, erst eigentlich bewußt wird. Die Folge davon könnte sein, daß ich mehr darunter leide als vorher. Über Freude zu reden, ist mit Sicherheit beglückender. Aber es gibt neben der Freude und vielem anderen eben auch die Angst. Und es bleibt zu überlegen, ob man nicht über beides gleichzeitig reden kann: über die Angst und über die Freude. Jesus sagt: »In der Welt habt ihr Angst; aber seid getrost: Ich habe die Welt überwunden« (Joh. 16,33). Im Vorbereitungsheft zum Evangelischen Kirchentag 1975 kam diese doppelte Erfahrung etwa in den folgenden Sätzen zum Ausdruck:

»Die Angst nistet sich bei uns ein in Gestalt vieler Ängste. Ob Christen oder nicht – wir leben in vielen Feldern der Angst. Angst treibt um. Sie treibt uns von einer Befürchtung zur anderen. Es ist schon etwas gewonnen, wenn wir ihr gegenüber zum Stehen kommen – und sei es nur, daß wir feststellen: Ich habe Angst. Um so mehr lohnt es sich, darüber zu sprechen, wie sich inmitten der Erfahrungen unserer Angst eine andere Erfahrung meldet: Und siehe, wir leben.[7]«

In Ängsten – und siehe, wir leben. Weil dies beides gilt, darum wird man im Zusammenhang mit der Angst auch von Freude reden dürfen.

Doch versuchen wir zunächst, das weite Feld abzuschreiten, in dem sich unsere Ängste ausbreiten. Es handelt sich um Ängste allgemeiner Art. Aber es handelt sich vor allem um spezifische Ängste blinder Menschen. Dabei wird sich zeigen, in welcher Weise beide miteinander verknüpft sind.

1. In Ängsten . . .

Daß Angst so etwas wie eine Grundbefindlichkeit unseres Daseins darstellt, ist in vielen Büchern und Zeitschriftenartikeln zu lesen.

» . . . dem jungen oder alten Menschen ist sie bekannt – wenngleich man über das Tabu Angst nicht viel zu reden wagt. Meist wissen wir keine bestimmten Dinge zu nennen, die uns als Ursachen erscheinen. Es ist vielmehr ein bestimmtes Gefühl der Einengung, der Lebensbedrohung und der inneren Verlassenheit. Als körperliche Reaktionen sind Schweißausbruch und erhöhter Puls, Blutdrucksteigerung, ansteigen des Blutzukkerspiegels, Pupillenerweiterung und Gänsehaut beobachtet worden. Angstträume verfolgen uns bis in den Schlaf.[8]«

Der Schreiber dieses Artikels spricht dann weiter über die Lebensangst, die schon junge Menschen umtreibt; über die Todesangst, die oft panikartige Reaktionen hervorruft; über die Zukunftsangst, die besonders denkende Menschen überfällt. Er macht die Vielzahl dieser Ängste dafür verantwortlich, daß unsere Initiative gelähmt wird, daß wir gelegentlich völlig unsinnig handeln, daß unser klares Denken offensichtlich ausgeschaltet bzw. überspielt wird.

Es scheint in der Tat so zu sein, daß der Mensch ohne Angst nicht leben kann – daß er vielmehr trotz seiner Angst und mit seiner Angst leben muß. Ständig neu ist es uns aufgegeben, mit unserer Angst fertig zu werden. Uns allen ist dies aufgetragen – Gesunden wie Kranken – Sehenden wie Nichtsehenden. Jenes Vorbereitungsheft zum Kirchentag nennt eine Reihe solcher Ängste:

»Das Kind hat Angst, daß seine Leistungen nicht für einen Studienplatz an der Universität ausreichen. Der Mann hat Angst, daß er seinen Arbeitsplatz an einen jüngeren Kollegen verliert. Der ältere Arbeitnehmer hat Angst vor dem Ruhestand. Die alten Menschen haben Angst, daß sie bei den steigenden Kosten ihren Lebensabend nicht mehr finanzieren können . . .«

»Ich habe Angst, mich einem anderen Menschen anzuvertrauen. – Bei der nächsten Krise werden wir wieder sehen, wer am meisten Angst um Arbeitsplatz und Verdienst haben muß. – Mich ängstet das Gefühl der Leere, das ich bei mir selbst und anderen fühle.«

Beispiele von Angst – nur Beispiele. Eine lückenlose Aufzählung unserer Ängste ist nicht möglich – nicht einmal eine lückenlose Aufzählung von Ängsten blinder Menschen. Während der in Anmerkung[9] genannten Studientagung – sie fand in der Evangelischen Akademie Herrenalb statt – wurde vieles davon zusammengetragen. Ich werde versuchen, das Wesentliche zusammenzufassen, zu ergänzen, zu konkretisieren und das eine oder andere an Beispielen zu verdeutlichen.

Wir alle haben in der Regel Angst, wenn wir uns in Situationen befinden, die uns fremd sind. Der Blinde steht weit öfter in solchen Situationen. Er weiß dann meist nicht so rasch, wie er sich zu verhalten hat, während der Sehende die fremde Situation schneller überblickt.

Das beginnt für den Blinden schon damit, daß er nicht ohne weiteres sofort weiß, wer ihm gegenübersteht. Er sieht sich oft gezwungen, jemanden gleichsam ins Dunkel hinein anzureden. Er sieht nicht, wie sein Gegenüber reagiert, ob der Angesprochene überhaupt zuhört, ob er nicht vielleicht noch mit einem anderen beschäftigt ist, am Ladentisch etwa oder am Schalter.

Der Blinde, der sich allein im Straßenverkehr zu bewegen hat, ist besonderen Gefahren – damit begreiflicherweise besonderen Ängsten – ausgesetzt. Wie kommt er über die Fahrbahn? Wie findet er die richtige Bahn? Und was für ein Mensch ist das, der ihn anfaßt, um ihm zu helfen?

Freilich: Auch Nichtsehende sind verschieden. Einer tut sich schwerer als der andere. Wer oft allein reisen muß und dabei erfährt, daß Schwierigkeiten überwindbar sind, verliert mit der Zeit seine diesbezügliche Angst. Vielleicht rührt Ängstlichkeit auch nicht so sehr von seiner Blindheit her, sondern von seiner allgemein menschlichen Veranlagung. Trotzdem ist es ohne weiteres verständlich, daß blinde Menschen nie ganz ohne Angst sind – Angst, die meist aus dem notwendigen Umgang mit der Umwelt entspringt.

Der Nichtsehende fühlt sich beispielsweise beobachtet und hat keine Möglichkeit, gleichsam zurück zu beobachten. Wenn er einen Raum betritt, in dem sich bereits andere aufhalten – seien es wenige oder viele: Er fühlt, daß man nach ihm schaut. Die Anwesenden können feststellen, wer sich zu ihnen gesellt. Der Blinde dagegen bemerkt nicht, zu wem er sich gesellt, welcher Art die Menschen sind, die sich schon vor ihm im Raum befinden. Eben dies aber macht ihn unsicher und ängstlich. Wer demjenigen, der ihn beobachtet, ins Gesicht sehen kann, braucht in der Regel keine Angst mehr zu haben.

In diesen Zusammenhang gehört ganz allgemein die Gefahr, der sich einer ausgesetzt sieht. Vor einem Hund, von dem man plötzlich angebellt wird, den man aber nicht sieht, hat man begreiflicherweise mehr Angst als vor dem, den man auf sich zukommen sieht. Oberflächlich betrachtet könnte es scheinen, es sei genau umgekehrt. Auch dies kann freilich geschehen. Wer beim Wandern in den Bergen an einem Abgrund entlanggeht, wird ihn nicht fürchten, solange er ihn nicht wahrnimmt. Trotzdem meine ich, es sei unheimlicher, eine Bedrohung zu ahnen und sie nicht sehen zu können, als eine Bedrohung vor Augen zu sehen und die Möglichkeit zu haben, ihr auszuweichen.

Zu den fremden Situationen, vor denen Nichtsehende häufig weit ängstlicher stehen als ihre sehenden Freunde, gehört der Beruf. Zahlreiche Behinderte müssen fürchten, keinen Arbeitsplatz zu finden bzw. ihn zu verlieren. Auch im ausgeübten Beruf kommt dem Nichtsehenden vieles entgegen, das ihn bedrängt, etwa wenn er sich ständig überfordert fühlt und denkt, er könne nicht leisten, was von ihm erwartet wird; oder er sei seinen sehenden Kollegen gegenüber erheblich benachteiligt und möchte ihnen doch alles gleichtun können. Es ist die Angst vor dem Versagen, die hier aufkommt. Der Nichtsehende benötigt für eine Arbeit in der Regel mehr Zeit als ein Sehender. Wenn ich beispielsweise an meine eigene Situation denke: Ich kann nicht einfach ein Buch aus dem Bücherschrank ziehen und darin blättern. Was ich nachschlagen will, muß ich mir vorlesen lassen, muß es in Blindenschrift notieren. Dies kostet zusätzliche Zeit. Wie oft schleicht sich dann der Gedanke ein: Meine Arbeitszeit ist nicht voll genutzt. Meine Arbeit ist nicht effektiv. Eben das aber führt zur ständigen Überforderung.

Auf der anderen Seite gibt es mehr Nichtsehende als wir vermuten, die sich nicht ausgelastet fühlen. Sie sind unter ihrem geistigen Niveau eingesetzt und können ihre eigentlichen Begabungen nicht zur vollen Entfaltung bringen. Sie fühlen sich fehl am Platz und am Ende überflüssig. In diesem Fall ist es die Angst vor der Leere und Sinnlosigkeit des Daseins, die sie ergreift. So ist der Weg des Blinden – wie wohl jedes Behinderten –, ist sein gesamter Werdegang mit einer Fülle von Ängsten verbunden: Werde ich als Blinder mit der geforderten Ausbildung (sei es eine Lehre oder ein Studium) zurechtkommen? Werde ich meinen Arbeitsplatz voll ausfüllen können? Werden meine Arbeitskollegen für den Behinderten in ihrer Mitte das rechte Verständnis aufbringen? . . .

Eine völlig neue Situation ist für jeden Menschen der Ruhestand – Abschied nehmen von gewohnten und oft doch auch geliebten Tätigkeiten – still-sitzen-müssen – gleichsam auf dem Abstellgleis. Auch diese Situation bringt für einen Nichtsehenden zusätzliche Probleme. Ein sehender Rentner kann tun, was seine Tage ausfüllt und ihm Freude bereitet. Der Nichtsehende braucht zu vielem auch in diesem Bereich Hilfe. Wenn er diese Hilfe nicht hat, ist er bald viel einsamer auf dem Abstellgleis und eine noch viel bedrängendere Angst vor der Sinnlosigkeit ergreift von ihm Besitz. Einsame Menschen gibt es ohne Zweifel auch unter denen, die nicht behindert sind. Vielleicht ist Einsamkeit tatsächlich so etwas wie eine Grundstruktur unserer Zeit. Und doch ist auch diese Angst – die Angst vor dem Alleinsein – für einen blinden Menschen sehr viel bedrängender. »Niemand kümmert sich um mich« – eine Klage, die mir im Bereich der Blindenseelsorge oft begegnet.

Und wenn sich einer um den Nichtsehenden kümmert: Wird er es durchhalten?

Ich hörte einen Nichtsehenden einmal bekennen, er habe Angst gehabt, als er seine Frau kennenlernte, ob sie denn ein Leben lang zu ihm stehen werde – ob sie ihn überhaupt verstehen könne. Daß diese Angst ihre Berechtigung hat, mag die Tatsache verdeutlichen, daß nicht wenige Ehen auseinanderbrechen, wenn ein Partner erblindet, der andere aber mit dieser neuen Situation nicht fertig wird.

Überhaupt kommt eine Vielzahl von Ängsten blinder Menschen aus der Begegnung mit ihren sehenden Mitmenschen. Eine bittere Erfahrung wird vielen zuteil, wenn sie spüren, daß sie mit dem Zeitpunkt ihrer Erblindung ein Stück ihrer Menschenwürde verlieren. Sie werden für minderwertig gehalten. Menschen, mit denen sie bis dahin befreundet waren, gehen ihnen auf der Straße aus dem Weg. Auf Ämtern – und nicht nur dort – geschieht es, daß der Blinde nicht selbst angeredet wird. Man spricht über ihn mit seinem Begleiter. Dies und vieles andere läßt dem blinden Menschen seine sehende Umwelt unheimlich und bedrohlich erscheinen; und mehr als einer wird darüber geradezu krank. An dieser Stelle scheint die eigentliche Wurzel der Angst blinder Menschen zu liegen: Man läßt sie spüren, daß sie Gezeichnete sind, geht ihnen aus dem Weg, behandelt sie wie Menschen zweiter oder zehnter Ordnung.

Gibt es besondere Ängste blinder Menschen? Ohne Angst lebt niemand. Und es ist in der Regel auch immer das gleiche, das uns bedrängt: Angst vor dem Leben – Angst vor der Zukunft – Angst vor dem Tod. Im einzelnen: Angst vor dem Beruf, vor dem Alter, vor der Einsamkeit, vor Kriegen und Krisen. Auch blinde Menschen sind in die Fülle menschlicher Ängste verwickelt. Das könnte die Verneinung der gestellten Frage nach besonderen Ängsten blinder Menschen nahelegen. Trotzdem gibt es bestimmte Ängste, die den behinderten Menschen weit intensiver bedrängen als den Nichtbehinderten. Einige dieser Ängste habe ich genannt. Die Reihe ließe sich mit Sicherheit weiterführen.

»In Ängsten« – das ist die Beschreibung unseres Lebens, wie sie Paulus in seinem Brief an die Korinther gibt. Diese Beschreibung aber hat eine verheißungsvolle Fortsetzung:

2. ... und siehe wir leben

Ein gläubiger Christ habe keine Angst, hört man gelegentlich sagen. Er habe ja Jesus zur Seite, der »die Welt überwunden« hat. So wahr dies ist, daß Jesus die Welt überwunden hat, und daß zahlreiche Christen sich daran halten und deshalb mit den Ängsten in ihrem Leben fertig werden – so sicher ist doch auch dies andere: »In der Welt habt ihr Angst.« Dieser Satz Jesu steht in Johannes 16,33 als eine Feststellung, an der nicht zu rütteln ist. So ist es. Und es scheint, als wollte Jesus hinzufügen: Damit müßt ihr leben.

Es gilt auch für uns Christen, diese Feststellung Jesu ernst zu nehmen und zu bedenken, daß auch seine Jünger in dieser Welt Angst haben. Luther hat darauf hingewiesen, daß gerade der Christ um Ängste wisse, von denen »der andere große Haufe der so sicher Lebenden« keine Ahnung habe. Darum sollten wir uns davor hüten, zu sagen, der gläubige Christ habe keine Angst. Sollten wir dies wirklich besser wissen als Jesus? Wie oft ist einer durch dieses so leichtfertig dahingesagte »ein gläubiger Christ hat keine Angst« in tiefe Bedrängnis geraten: »Dann bin ich also kein Christ – bin sozusagen draußen vor der Tür. Dann hat Gott mich also abgeschrieben, und was liegt dann noch daran, ob ich lebe?«

Sollte es auch nicht zu diesem Ende führen, dann rumort in vielen doch so etwas wie die Angst vor dem Angsthaben. Weil man als Christ angeblich keine Angst haben darf, wird sie verdrängt. Man will sie sich nicht eingestehen. Der Mensch wird verkrampft und nervös, und mehr als einer wird mit seiner ständig wiederholten Behauptung, er habe keine Angst – auch nicht vor dem Tod –, für seine realistischer denkenden Mitchristen zur Belastung.

Wie überaus befreiend ist es dagegen, zu wissen: Ich darf die Angst in meinem Leben zulassen; denn es ist keine Schande, Angst zu haben. Es muß niemand an seinem Glauben irre werden, wenn er erfährt, daß ihn die Angst peinigt. Gerade dies meint das Evangelium, die Frohe Botschaft: Befreiung auch von der Verzweiflung an uns selbst, wenn uns etwa Angst überfällt. In schweren Situationen darf einer dem anderen den Trost zusprechen: Du brauchst dich deiner Ängste nicht zu schämen. Auch Jesus hat Angst gehabt – im Garten Gethsemane – und hat sich dieser Angst nicht geschämt, hat sie vielmehr sich selbst und uns eingestanden.

In den Psalmen wird Angst nicht als etwas Ungehöriges verdrängt. Sie wird vielmehr zur Sprache gebracht. In seiner Vorrede zu den Psalmen hat Luther dies in unvergleichlicher Weise zum Ausdruck gebracht:

»Wo findest du tiefere, kläglichere, jämmerlichere Worte von Traurigkeit und Angst als in den Klagepsalmen? Da siehst du allen Heiligen ins Herz wie in den Tod, ja wie in die Hölle. Ebenso auch, wenn sie von Furcht und Hoffnung reden, brauchen sie Worte, daß dir kein Maler also könnte die Furcht oder Hoffnung vorbilden.[10]«

In den Psalmen gibt es keine zur Schau gestellte Sicherheit, aus der doch nur verdrängte Angst spricht. Die Psalmbeter geben – wie später Jesus – zu, daß sie Angst haben. Sie bringen – genau dies aber ist das Entscheidende – ihre Angst vor Gott. Im 51. Psalm zum Beispiel: »Die Opfer, die Gott gefallen, sind ein geängsteter Geist; ein geängstet und zerschlagen Herz wirst du, Gott nicht verachten.«

Als Christen kennen wir die befreiende Kraft des Evangeliums – eines Evangeliums, das auch in den Psalmen schon aufleuchtet. Und weil wir diese befreiende Kraft des Evangeliums kennen, dürfen wir unsere Ängste getrost eingestehen – uns selbst und anderen. Es muß unter uns möglich sein, daß einer von seiner Angst redet, ohne daß er von anderen »über die Schulter« angesehen wird – vielleicht gar mit dem Hintergedanken: Auch einer von denen, die noch nicht vollends zum Glauben durchgedrungen sind.

»Es ist schon viel gewonnen«, hörte ich einen Referenten sagen, »wenn ich Menschen habe, vor denen ich keine Maske zu tragen brauche – auch nicht die Maske des tapferen Christen, der sich vor nichts mehr fürchtet. Wo ist der Ort, an dem ich sein darf, wie ich bin? Das ist das Große am Evangelium: Hat uns Christus ohne Vorleistung und Vorbedingungen angenommen – sind wir vor seinen Augen mit unseren Ängsten und Schwachheiten wertgeachtet, geliebt, dann – meine ich – dürfen wir uns doch auch selbst und untereinander annehmen.«

Darum also geht es, daß wir jemanden finden, mit dem wir über unsere Angst reden können, ohne fürchten zu müssen, er werde uns verachten. Schon das Aussprechen von Angst ist für viele eine große Hilfe. Ein Kind sagte nach einer ernsten Aussprache: »Nicht wahr, zu zweit sind wir stärker als die Angst!«

Es ist demnach von entscheidender Bedeutung, jemanden zu haben, der für mich da ist. Besser: daß wir füreinander da sind. Das ist keineswegs immer leicht: füreinander da zu sein. Und doch hängt gerade davon für unser Leben sehr viel – wenn nicht alles – ab. Auch das Vertrauen wächst auf dieser Grundlage – Vertrauen, das uns befähigt, Dinge, die uns bedrängen, voreinander auszusprechen. Dies aber wäre dann wirklich ein Schritt auf dem Weg zu jenem »Zu zweit sind wir stärker als die Angst«.

Füreinander da sein. Wie sehr gerade Blinde darauf angewiesen sind, bedarf kaum einer besonderen Erwähnung. Dies aber, daß die Notwendigkeit, füreinander da zu sein, uns über den rein menschlichen Bereich hinausweist – dahin, wo einer wirklich für mich da ist, sollte nicht unerwähnt bleiben. Jesus sagt: »Seid getrost: Ich habe die Welt überwunden.«

Es mag uns wohl ergehen wie einem Kind, das sich, wenn es sich bedroht fühlt, zur Mutter flüchtet. Die Mutter nimmt es in den Arm. Das Kind schaut noch immer mit vor Angst geweiteten Augen nach dem Hund – und weiß sich doch geborgen bei der Mutter, die vor dem Hund keine Angst hat. Geborgenheit – darauf kommt es an. Wo Angst auf innere Heimatlosigkeit trifft, führt sie zu Verzweiflung und völligem Ruin. Wo Angst dagegen auf Geborgenheit und innere Heimat trifft, wird sie uns nicht zugrunde richten können. Wohl wird die Angst bleiben. Aber ich brauche mich dieser Angst nun nicht mehr zu schämen. Ich darf vielmehr damit rechnen: Der stärker ist als die Angst, der die Welt überwunden hat, birgt mich in seiner Kraft. Im Bericht über ein Gruppengespräch während einer Studientagung wurde dies wie folgt zum Ausdruck gebracht:

»Bei diesen verschiedenartigsten Ängsten, die wir ganz persönlich und ohne Theorie ausgesprochen haben, wurde die persönliche Erfahrung der Durchhilfe von Gott her mitgeteilt – der Durchhilfe, die die Angst ganz ernst nimmt und nicht verdrängt und nicht hinwegredet – der Durchhilfe, die das Wagnis mit einschließt, weil Gott einen nur schrittweise führt und nicht den ganzen Weg auf einmal geht. Es wurde davon berichtet, daß Zeiten, in denen andere nicht mit uns sprechen, ganz wichtige Gebetszeiten sein können.«

Ich füge ein weiteres, längeres Zitat aus einem anderen Gruppengespräch an, weil mir auch diese Gedanken wesentliche Hinweise zu enthalten scheinen:

»Wenn es so ist, daß das ›und siehe wir leben‹ aus der Gewißheit kommt: ›Gott geht mit; Christus an meiner Seite: In der Welt habt ihr Angst; aber seid getrost, ich habe die Welt überwunden‹, dann bleibt die Frage: Ist uns dieser Trost immer bewußt? Wie kann er uns bewußt werden? Das ist das eigentliche Problem. Die ihn haben – oder sicher zu sein meinen, daß sie ihn immer haben –, werden die Frage vielleicht gar nicht so empfinden. Aber für viele ist diese Frage doch brennend: Morgen könnte ich diesen Trost vielleicht nicht haben. Oder vielleicht habe ich ihn sogar jetzt gar nicht. Wie kann ich ihn bekommen? Darauf wurden vor allem zwei Antworten gegeben: 1. Wir brauchen den Zupruch. Diesen Zuspruch kann man sich manchmal insofern selbst sagen, als man auf Worte der Schrift zurückgreift – auf Worte, die uns groß und wichtig sind, wenn wir sie nicht als Menschen – sondern als Gottesworte verstehen – 2. Wir brauchen die Einübung in dieses sich ›Trostholen‹. Der Akzent liegt auf dem Wort ›Einübung‹. Der Trost ist nicht einfach von selbst da. Man muß etwas dafür tun. Ich kann etwas dafür tun. Ich kann zu dem schon einmal Gesagten zurückkehren – zurückkehren zu dem, was mir als Trost angeboten wird: das Mitgehen Christi in meiner Angst.«

Ein Referent stellte das ganze Problem in den größeren Zusammenhang der Frage nach dem Sinn unseres Lebens. Wie verstehe ich mich? Wie verstehe ich mein Leben in dieser Welt? Von der Antwort auf diese Frage »Wer bin ich? Woher komme ich? Wem bin ich verantwortlich?« hängt vermutlich mein Leben ab. Als Antwort auf diese Frage – zugleich als Zusammenfassung der gesamten Problematik von Angst und Angstüberwindung – verlas er ein Bibelwort und ein Gedicht Dietrich Bonhoeffers. Das Bibelwort: »Fürchte dich nicht, denn ich habe dich erlöst. Ich habe dich bei deinem Namen gerufen. Du bist mein« (Jesaja 43, 1).

Das Gedicht Bonhoeffers, das vermutlich in allen Bonhoeffer-Ausgaben abgedruckt ist, entstammt der letzten Phase seiner Gefangenschaft kurz vor der Hinrichtung im Jahr 1945 und trägt den Titel: »Wer bin ich?«. In eindringlichen, ja erschütternden Worten schildert der Verfasser seinen inneren Zwiespalt. Seine Freunde – seine Bewacher – und andere, die ihn kennen, sehen in ihm den gelassenen, heiteren und festen Dulder – den freien und stolzen Helden. Er selbst freilich sieht sich anders. Er erfährt sich als selbstsüchtig und krank. »Wie ein Vogel im Käfig.« Er erlebt seine Angst, als würgte ihm einer die Kehle. Er dürstet nach guten Worten und menschlicher Nähe. Er fühlt sich umgetrieben vom Warten auf große Dinge. Der Zwiespalt läßt ihm keine Ruhe – bis er sich durchzuringen vermag zur Gewißheit, die in der letzten Strophe des Gedichtes ihren Ausdruck findet:

> Wer bin ich? Einsames Fragen treibt mit mir Spott.
> Wer ich auch bin – du kennst mich.
> Dein bin ich – o Gott.

III. Ist christlicher Glaube Lebenshilfe für blinde Menschen? – Ergebnisse einer Umfrage

Diesem Kapitel liegt eine Umfrage zugrunde, die in den Jahren 1973/74 durchgeführt wurde. Dementsprechend werden in seinen einzelnen Abschnitten im wesentlichen die Befragten zu Wort kommen. Dabei freilich sollen die Leser mit Einzelheiten der Auswertung (über Alter und Beruf sowie den Zeitpunkt der Erblindung im Zusammenhang mit den zitierten Antworten) verschont werden. Kritische Bemerkungen zu dieser oder jener Antwort werden sich allerdings nicht vermeiden lassen.

1. Zur Vorgeschichte der Umfrage

In der vom Christlichen Blindendienst e. V. herausgegebenen Zeitschrift »Der Beste Freund« wurde in Nr. 10/71 unter der Frage »Wozu?« über einen Blinden berichtet, der überzeugt war, zu wissen, wozu Gott ihn habe erblinden lassen. An den Bericht schloß sich die provozierende Frage an: »Wissen wir das eigentlich auch?«

Die Veröffentlichung löste in der Zeitschrift über Monate hin eine heftige Diskussion aus, über die ein Leser später äußerte, er habe in ihr eine Fülle von Legendenbildung gefunden.

Einige charakteristische Auszüge aus dieser Diskussion seien hier – ohne genaue Angabe des jeweiligen Fundortes – wiedergegeben, weil diese Ausführungen gleichsam auf den Fragenkreis hinführen, der hier zu behandeln ist. Der Leser wird dafür Verständnis haben, daß keinem Zitat dieses Kapitels der Name des Einsenders beigefügt ist.

»Eine konsequente Antwort verlangt eine Entscheidung in positiver oder negativer Form: 1. Ich bin durch mein Blindsein von Gott bevorzugt, auserwählt, oder 2. Gott hat mich bestraft und deshalb erblinden lassen. Es wäre anmaßend, wenn ich von mir behaupten würde, Gott hat mich erblinden lassen, um mich vor vielen anderen Menschen auszuzeichnen und mir einen Sonderplatz in seiner Welt zuzuweisen. Dieses Recht könnte schließlich jeder Schicksalsgefährte für sich in Anspruch nehmen – und dann wäre die Blindensekte geboren. Andererseits aber könnte ich mir auch vorstellen, daß mancher nichtsehende Mitmensch sehr verbittert ist und sein Schicksal als Strafe Gottes auffaßt. Ich möchte sogar noch weitergehen und sagen, daß manche Zweifler sich für die zweite, negative Antwort entscheiden könnten. Dem Atheismus wäre dann fast Vorschub geleistet. Wir sehen: Beide Antworten sind unbefriedigend. Daraus ergibt sich, daß man in dieser Form nach dem ›Wozu‹ nicht fragen kann. Religion und Blindheit haben nichts miteinander gemein.«

Eine Leserzuschrift verläßt die nur verallgemeinernde Diskussion und möchte die gestellte Frage auf gleichsam ureigenste Erfahrungen zurückführen:

»Wir sollten einmal ganz leise – im verschlossenen Kämmerlein – unseren Herrn selbst fragen. Ich bin überzeugt, daß der ehrliche Frager eine Antwort erfahren wird.«

Ähnlich reagiert eine andere Leserin, wenn sie schreibt:

»N. N. wollte mit seinem Beispiel des blinden Mannes aus . . . keineswegs verallgemeinern, sondern nur sagen, wie Gott die einzelnen Menschen führen und was er aus einem Menschenleben machen kann, wenn der Betreffende geprüfte Mensch in seinem Schicksal Gottes Führung und Absicht erkennt und ja dazu sagt. So gesehen ist die Frage ›Wozu?‹ durchaus positiv gestellt und gemeint. Wir alle dürfen so fragen und sollten es tun, damit wir unseren gewiß schweren Weg fröhlich gehen können.«

Ein letztes Zitat aus der genannten Diskussion mag noch einmal auf die Schwierigkeiten hinweisen, die das Thema, das uns hier gestellt ist, zweifellos in sich birgt:

»Ich denke an einen möglichen, gefährlichen Irrweg: an jene Menschen, die nur noch blind sein wollen. Sie beten dafür, daß alle Welt nur recht geschickt sein möge, sie in rechter Weise zu bedienen. Ja, können wir unsere Blindheit nicht ein ganz klein wenig zum Kultgegenstand werden lassen, den alle zu verehren haben? Und wer das nicht in rechter Weise tut, den können wir der Lieblosigkeit zeihen. So wäre denn 1. der Weg zum alles erstickenden Selbstmitleid, zur faulen Bequemlichkeit, frei und

2. wäre die Blindheit wegen des Vorwurfs der Lieblosigkeit eine ausgezeichnete Waffe, mit der ich jeden nach Belieben schlagen könnte. Und schließlich kann ich in eitler Selbstzufriedenheit mein Leid genießen.«

Aus demselben Beitrag:

»Es hat Zeiten in meinem Leben gegeben, wo ich für die Blindheit gedankt habe. Ich tue dies heute nicht mehr. Nicht, weil die Blindheit für mich zu tragen heute schwerer wäre. Ganz im Gegenteil: es vergehen oft ganze Tage, an denen sie mich gar nicht stört. Und wenn gelegentlich handfeste Schwierigkeiten auftreten, so kenne ich in der Regel genügend Möglichkeiten, wie ich diese Schwierigkeiten angehen kann. Nein: Ich danke nicht mehr für meine Blindheit, weil Jesus nicht für sein Kreuz gedankt hat. Auch Hiob dankte nicht für sein Leid. Und Paulus, ein erfahrener Mann in mannigfaltigem Leid, hat Gott gelobt für seine Gnade, die sich auch im Leid kräftig erwiesen hat. Aber ich habe nie gelesen, daß Paulus für seine Prügelstrafen gedankt hätte.«

Dieser Beitrag sollte uns anregen, über unsere Lebenswege im Licht christlichen Glaubens nicht zu vordergründig nachzudenken.

2. Der Fragenkatalog:

A. Zur Person:
   1. Alter, Geschlecht, Beruf.
   2. Wann und wodurch sind Sie erblindet?

B. Zur Sache:
   1. Auf welche Weise sind Sie mit Ihrer Blindheit bzw. Erblindung fertig geworden?
   2. Ist Ihnen Ihr Glaube dabei eine Hilfe gewesen? Insbesondere:
      a) erblicken Sie in Ihrer Erblindung eine Führung Gottes?
      b) meinen Sie zu wissen oder zu ahnen, zu welchem Zweck Gott Sie erblinden ließ?
   3. Sehen Sie in Ihrer Blindheit nur ein mehr oder weniger hartes Geschick, das man ertragen muß, weil man es nicht ändern kann? Oder wird Ihnen die Tatsache Ihrer Blindheit zugleich

zu einer Aufgabe? Sollte das letztere der Fall sein: In welcher Richtung sehen Sie einen solchen Auftrag?

4. Welche Auswirkungen hat die Tatsache der Blindheit bzw. Erblindung auf Ihren Glauben?
   a) Ist Ihnen der Weg zum Glauben dadurch leichter oder schwerer geworden?
   b) Erleichtert Ihnen Ihre Blindheit die Konzentration beim Predigthören, Bibellesen, Gebet usw.?
   c) Man hat im Lauf der Jahrtausende Blinde in stetem Wechsel das einemal für besonders ungläubige, das anderemal für besonders gläubige Menschen gehalten. Wie beurteilen Sie als Betroffener derartige Meinungen?
5. Auf welche Weise würden Sie versuchen, anderen Blinden (oder sonst Behinderten) zur aktiven Bejahung ihres Weges Mut zu machen?

3. Allgemeine Bemerkungen zur Umfrage

Aus einer Reihe von Reaktionen auf die gestellten Fragen sprach äußerste Skepsis. Ich solle niemanden dazu verleiten, aus seinem Leben eine Legende zu machen. Und: Was dies denn solle: Blindenseelsorge als Hilfe zur Bejahung der Blindheit? Ob das bei konsequentem Durchdenken nicht Parallelen in vielen Bereichen habe: Gefangenenseelsorge als Hilfe zur Bejahung der Gefangenschaft – Seelsorge an Drogensüchtigen als Hilfe zur Bejahung der Drogenabhängigkeit? Daß die Absicht der Blindenseelsorge mit diesen Scheinparallelen verzerrt wird, bedarf kaum eines besonderen Hinweises.

Ernster zu nehmen dagegen ist wohl ein anderer Einwand: Verleiten wir mit solchen Fragen die auf diese Weise Angeredeten möglicherweise dazu, sich zu sehr mit sich selbst zu beschäftigen? Könnte aber gerade dies nicht verheerende Folgen haben: Resignation etwa oder gar Depressionen? Ist es nicht gerade die Aufgabe der Seelsorge, den Blick des Menschen von sich selbst weg auf Gott hin zu richten?

Ebenso ernst zu nehmen ist der Einwand, durch diese Umfrage könnten wir der Blindheit zu viel Gewicht geben.

Andere beurteilen die gestellten Fragen positiver. Sie seien froh, endlich einmal dazu gezwungen worden zu sein, über sich und ihr Leben nachzudenken. Einer berichtet, daß sich ihm manche Fragen erst durch diese Umfragen gestellt haben. Sie seien ihm vorher in dieser Weise nicht bewußt gewesen.

Einigkeit besteht über die Tatsache, die Beantwortung der gestellten Fragen sei nicht leicht gewesen. Eine Leserin schreibt:

»Es ist schwer, auf diese Fragen zu antworten. Erstens weiß man ja nicht, wie man das Leben gestaltet hätte, wenn man nicht blind wäre; ob nicht andere Schicksalsschläge unseren Glauben noch mehr gefestigt hätten? Zweitens sind wir doch fast alle mehr oder weniger Stimmungen unterworfen, ob behindert oder nicht. Einmal klammert man sich an Gott; dann vergißt man ihn beinahe.«

Dazu eine andere Leserin:

»Es ist sehr schwer, eindeutig zu antworten auf Fragen, die sich fast jeden Tag neu stellen. Es ist ebenso schwierig, Antworten zu formulieren, die sich dem Glauben offenbaren – und nur dem Glauben.«

In diesen allgemeinen Vorbemerkungen möchte ich zwei Briefauszüge dem Leser nicht vorenthalten, die sich mit dem befassen, was Blindenseelsorge nicht sein sollte:

»Ich darf vielleicht ganz persönlich bemerken, daß der Christliche Blindendienst sich nicht in die Rolle oder Institution eines frommen Orakels drängen lassen sollte. Darum bin ich Ihnen dafür dankbar, daß Sie mit diesen Fragen einmal den Rahmen abgesteckt haben, innerhalb dessen ein sinnvolles Gespräch über diesen Themenkreis möglich ist.«

Den folgenden, ausführlicher zitierten Brief schreibt ein junger Mann, der mit Blindenseelsorgern entweder schlechte Erfahrungen gemacht oder sich von Blindenseelsorge ein falsches Bild zurechtgelegt hat:

»Bevor ich zu Ihren Fragen Stellung nehme, will ich Ihnen etwas mitteilen, was nicht nur meine, sondern auch die Meinung anderer junger Menschen ist. Wenn sich Seelsorger um behinderte Menschen kümmern, und wir Nichtsehenden gehören ja auch zu dieser Gruppe, dann wird immer der gleiche Fehler gemacht: Man füttert uns Behinderte mit Gottes Wort und versucht uns einzureden und zu überzeugen, daß das Behindertsein mit Gottes Wort und Hilfe doch nur halb so schwer sei. Es wird sogar gesagt, man solle das Blindsein als Geschenk Gottes annehmen und sozusagen froh sein, daß man nichts sieht. Diese Art von Seelsorge geht uns jungen Leuten auf die Nerven, ja, ruft sogar Empörung hervor. Auch in Freizeiten, Jugendstunden und Diskussionsabenden wird meist nur darüber geredet, wie schön es für den Behinderten sei, wenn er nur fest an Gott glaube.«

Der Schreiber gibt dann »einige Tips«, wie er sich Blindenseelsorge vorstellt:

»Geben Sie den Behinderten das Gefühl, daß sie keine Außenseiter in der Gesellschaft sind. Helfen Sie den Behinderten, ihre Langeweile zu vertreiben. Vermitteln Sie Treffen und Zusammenkünfte zwischen blinden jungen Menschen und gleichaltrigen gesunden jungen Menschen, damit Freundschaften entstehen können und die behinderten Menschen nicht nur mit ihresgleichen zusammen sind. Zeigen Sie dem Behinderten, daß er trotz seiner Behinderung eine nützliche Kraft sein kann und muß, die noch gebraucht wird und die noch etwas leisten kann. Haben Sie sich dem Nichtsehenden gegenüber so verhalten, dann kann und muß der Behinderte mit Gottes Wort und dem Glauben bekannt und vertraut gemacht werden.«

Nach diesen – gleichsam grundlegenden Erörterungen sollen einige Zahlen den äußeren »Erfolg« der Umfrage verdeutlichen:

Insgesamt 140 Antwortbriefe gingen ein. Es mag scheinen, als sei dies eine zufriedenstellende Reaktion. Bedenkt man jedoch, daß rd. 4 bis 5000 blinde Menschen die gestellten Fragen in irgendeiner Form in die Hand bekommen haben, dann ist die Zahl 140 einigermaßen enttäuschend. Zwar ergibt sich so etwas wie ein repräsentativer Querschnitt durch alle Berufsgruppen. Auch sind die verschiedenen Altersstufen verhältnismäßig gleichmäßig vertreten. Fast ganz fehlen unter den Beantwortern allerdings diejenigen, die erst nach dem 60. Lebensjahr erblindet sind. Das ist verständlich; denn diesen Altersblinden ist nur selten die Möglichkeit geblieben, selbst zu schreiben – und jemandem die Antwort auf diese Fragen zu diktieren, ist mit Sicherheit noch schwerer als selbst zu schreiben. Da die Altersgruppe der über 60jährigen aber die weitaus meisten Blinden stellt, ist es kaum verwunderlich, daß eine relativ so kleine Zahl von Antworten eingegangen ist.

Gegliedert nach dem Zeitpunkt der Erblindung ergibt sich folgendes Bild: Von Geburt blind: 44 (31,4 %); im Alter bis zu 15 Jahren erblindet: 43 (30,7 %); im Alter zwischen 15 und 30 Jahren erblindet: 27 (19,3 %); im Alter zwischen 30 und 60 Jahren erblindet: 18 (12,9 %); nach dem 60. Lebensjahr erblindet: 2 (1,4 %). Die übrigen 6 (4,3 %) machten keine entsprechenden Angaben.

Die Beantworter der gestellten Fragen gehörten folgenden Berufen an: Industriearbeiter, Handwerker usw.: 16 (11,4 %); Büroangestellte jeglicher Art: 43 (30,7 %); Akademiker einschließlich Schüler und Studenten: 19 (13,6 %); sonstige Berufe (Musiker, Klavierstimmer, Masseure usw.): 20 (14,3 %). 42 Einsender (30 %) machten über ihre Berufszugehörigkeit keine Angaben.

4. Mit der Blindheit leben

Auf die erste Frage »zur Sache«, auf welche Weise Blindheit bzw. Erblindung zu bewältigen sei, brachten 4 Einsender zum Ausdruck, Blindheit sei ihnen eigentlich nie ein Problem gewesen. Es sei keineswegs leicht, oft sogar mit harten Kämpfen verbunden, blind zu sein, meinten 16. Einer von ihnen bekennt, zunächst habe er keinerlei Probleme gehabt; erst später – um das 20. Lebensjahr etwa – seien dann die bohrenden Fragen gekommen. Von der Pubertät als der schwierigsten Phase sprachen 2.

»Daß die allmähliche Verschlechterung meiner Augen keine leichte Sache war, kann ich wohl sagen. Das reinste Hindernisrennen, mußte ich oft denken. Nichts als Zäune ohne einen Durchschlupf. Gar manchmal war ich mit meinen Kräften auf dem Nullpunkt angelangt – voller Verzagtheit und Mutlosigkeit – nahe daran, zu kapitulieren.«

»Manchmal hätte ich am liebsten Schluß gemacht. Vor allem aber war es so, wenn ich keinen Menschen hatte. Wenn man mit Charakterschwächen zu tun hat, ist es noch schwerer. Ich bin oft verzweifelt gewesen.«

Aus 10 Einsendungen sprach die Überzeugung, daß man mit der Blindheit eigentlich nie »fertig« wird. Sie müsse täglich neu bewältigt werden.

»Vielleicht kann ich im ganzen sagen, daß ich nicht fertig geworden bin mit der Blindheit. Und ich glaube auch nicht, daß es je so sein wird. Aber ich sehe es täglich als meine Aufgabe, damit fertig zu werden. Und diese Aufgabe muß ich tapfer angehen.«

»Fertiggeworden bin ich mit meiner Blindheit bis heute nicht. Sie macht mir jeden Tag neu schwer zu schaffen.«

»Sind wir überhaupt fertig? Viele werden's ein Lebenlang nicht. In verschiedenen Lebensfragen wird das ganz verschieden sein. Ich kann heute damit fertig sein. Und morgen wird es mich wieder neu bedrängen. Am schlimmsten war es für mich, als ich aus der Blindenschule entlassen wurde.«

»Mit der Blindheit bin ich nicht fertig geworden. Sie steht jeden morgen neu vor mir als Aufgabe und als Auseinandersetzung. Ich bin nicht damit fertig geworden; ich weiß aber, daß ich damit leben muß.«

Die Blindheit sei ein unabänderliches Schicksal, mit dem man sich abfinden müsse, bekunden 5 Einsender. 8 meinen, es sei ihnen leicht geworden, blind zu sein, da sie blind geboren sind und nie etwas anderes kennengelernt haben.

»Manchmal möchte man schon gern sehen können. Aber im großen und ganzen muß ich sagen, daß mich als Geburtsblinde die Blindheit als solche nicht weiter belastet. Ich könnte mir vorstellen, daß das bei Späterblindeten anders ist.«

Hier taucht die alte Frage auf, welche Gruppe von Blinden es schwerer habe, die Blindgeborenen, die nie gesehen, also keinen anderen Zustand gekannt haben – für die Blindheit demnach gleichsam zum »normalen Leben« gehört – oder diejenigen, die ein halbes oder beinahe ganzes Leben lang gesehen haben, dann aber allmählich – oft auch unvorhergesehen und plötzlich – ihr Augenlicht verlieren. Eine eindeutige, für alle geltende Antwort läßt sich auf diese Frage nicht geben. Neben der oben zitierten Auffassung steht häufig die andere: Die Dankbarkeit dafür, daß man Jahrzehnte hindurch gesehen hat. »Nun kann ich mir die Welt doch vorstellen, wie sie ist.« Man begegnet gelegentlich bei Späterblindeten der Meinung, Blindgeborene seien doch eigentlich zu bedauern, da sie die Welt, in der sie leben, nie gesehen haben; es für sie also schwer sein müsse, von der Wirklichkeit konkrete Vorstellungen zu entwickeln.

Blindgeborene empfinden dies im allgemeinen nicht so beklagenswert. Das zeigen auch die Ergebnisse der Umfrage. Die Voten von 18 Einsendern bekunden, durch frühe oder allmähliche Gewöhnung sei man mit der Blindheit verhältnismäßig leicht zurecht gekommen. Sie seien hineingewachsen, schreiben zwei von ihnen. Ein weiterer meint, als junger Mensch überwinde man Schwierigkeiten selbstverständlicher und ohne besondere Komplikationen.

»Ich meine, daß Kleinst- und Kleinkinder mit einem Leid wie Blindheit usw. eher fertig werden, weil sie damit aufwachsen.«

»Der Erblindungsprozeß ging so langsam vorwärts, daß ich mich ganz allmählich daran gewöhnte – nach häufigem Anrennen an Briefkästen, Zerbrechen von Brillengläsern, verbeulten Fahrradvorderrädern usw.«

Zwei Einsender sind mit ihrer Blindheit zurecht gekommen – einfach durch den Willen, zu bestehen bzw. zu überleben.

In 13 Antworten wurde als Grund für die allmähliche, gleichsam selbstverständliche Gewöhnung die Tatsache genannt, daß man unter anderen Blinden – in der Blindenschule – aufgewachsen sei und dadurch von der gegenseitigen Hilfe profitiert habe.

Ständige Kontakte mit Sehenden führen erstaunlicherweise nur 4 als hilfreich an. Einer von ihnen mag zu Wort kommen:

»Mit meiner Blindheit bin ich immer am besten durch Eingliederung in die Gemeinschaft der Sehenden fertig geworden. Das meine ich im wahrsten Sinn des Wortes: durch Zusammensein mit Freunden und durch den Beruf. Ich besuchte früher eine normale Schule.«

Zwölf Einsender verweisen auf die Familie, ein verständnisvolles Elternhaus, eine vernünftige Erziehung, einen guten Ehepartner u. a. Einer dagegen gibt zu erkennen, daß er am Elternhaus keine Hilfe gehabt habe, da die Eltern für ein blindes Kind keinerlei Verständnis zeigten. Ein anderer verweist auf eine derart übertriebene Fürsorge von Seiten der Eltern, daß es ihm später im Leben schwergefallen sei, allein zurecht zu kommen. Vielfältige Erfahrungen bestätigen, daß an dieser Stelle im Leben Blinder oft erhebliche Schwierigkeiten auftreten.

Auf Beruf und Berufserfolge als Hilfe zur Blindheitsbewältigung verweisen 11 Einsender. Und auch hier bin ich über die geringe Zahl erstaunt. Denn gerade im Berufserfolg wächst nach meiner Kenntnis zahlreichen blinden Menschen ein gewisses Selbstwertgefühl zu. Und daß ein Mensch – ob behindert oder nicht – auf die Dauer ohne einen Funken von Selbstwertgefühl nicht bestehen kann, ist – nicht nur in der Psychologie – heute allgemein anerkannt.

Zu fragen ist freilich, ob Selbstwertgefühl nur durch Arbeit und Berufserfolge zu gewinnen sei. Könnte Selbstwertgefühl nicht weit nachhaltiger durch Verständnis und Zuwendung, also Freundschaft gewonnen werden? So bekunden denn auch 7 Blinde, verständnisvolle, liebe Menschen und gute Freunde seien ihnen zur Hilfe geworden. Einer berichtet, mit einer ganzen Reihe früherer Arbeitskollegen verbinde ihn bis heute eine innige Freundschaft.

Durch ihren Glauben sei es ihnen möglich gewesen, mit ihrer Blindheit fertig zu werden, bezeugen 38 Einsender. Einer fügt hinzu: »Nach langem Kampf.« Ein anderer verweist auf seinen gläubigen Vater. Zwei nennen ihre gläubige Mutter und 4 ihre gläubigen Eltern als Helfer auf dem Weg zum eigenen Glauben. Aus einer Antwort spricht eine sonderbare Art von »Glauben«:

»Die Erblindung habe ich als Schicksalsschlag hingenommen, mit dem es sich abzufinden galt. Hierbei ging ich von der Annahme aus, daß eine höhere Macht das wohl zu meinem besten verfügt habe. Dadurch hatte ich keine Umstellungsschwierigkeiten. Unter der höheren Macht war wohl Gott zu verstehen; aber nicht unbedingt christlich. Christus bedeutete hierbei nichts.«

Neben dem Glauben nennen 6 Einsender »Gottes Hilfe und Gnade« und 3 das eigene Gebet bzw. das Gebet, das andere für sie verrichten. Je einmal werden als Hilfe zur Bewältigung von Blindheit angeführt: »Zunächst in einer Art heidnischem Trotz« – »die Hoffnung, wieder sehend zu werden« – »waches Interesse am täglichen Geschehen« – »jahrelanges notvolles Suchen« – »die Musik« – »die Umwandlung des Denkens vom Negativen zum Positiven« – »das Ignorieren der Blindheit« – »Humor und viel Abwechslung« – »Wille und Geduld« – »nüchterne Beurteilung der Tatsache« – »ein fröhliches Herz« – »Selbstbeherrschung, Selbsterziehung, Selbstdisziplin« – »das Dasein für andere«.

Eine junge Blinde zählt einen ganzen Katalog von Faktoren auf, die bei ihrer Blindheitsbewältigung eine Rolle gespielt haben und noch täglich spielen:

»Fertig wurde und werde ich mit der Blindheit immer wieder am besten dadurch, daß ich 1. die Schwierigkeiten, Fragen, Nöte, Grenzen und Kämpfe, die damit verbunden sind, nicht zu verdrängen suche, sondern sie mir eingestehe. – 2. Es wird immer wieder einmal Zeiten und Situationen geben, in denen man die Blindheit nicht annehmen kann. Dieses ›Nein‹ sollte man nicht unterdrücken, sondern es sich selbst und Gott eingestehen. Man sollte es solange heraussagen, bis diese Phase durchgestanden ist, ob sie nun länger oder kürzer währt. – 3. Es reicht nicht immer, nur vor sich selbst und in der Stille mit Gott diese Dinge durchzustehen. Man braucht auch Menschen, die einem in solcher Lage beistehen, einen einfach annehmen und die Sache mittragen können. Moralismus hilft da nicht. – 4. Mit der Erblindung bzw. Blindheit ist man nicht einmal fertig geworden, sondern muß es nach meiner Erfahrung immer wieder, mal seltener, mal öfter. – 5. Hilfreich zur Bewältigung ist auch, wenn andere den Blinden als vollwertig annehmen, trotz seiner Grenzen. Über- oder Unterschätzung der Grenzen, die mit der Blindheit verbunden sind, schaden nach meiner Erfahrung nur. – 6. Hilfreich ist mir auch immer wieder, daß ich bei Gott ebenso vollwertig und geliebt bin, trotz meiner Grenzen, wie die anderen auch. – 7. Hilfreich zur Bewältigung der Blindheit ist auch die Erfahrung, anderen trotz allem etwas sein oder geben zu können. Das hilft über manche dunklen Stunden hinweg.«

Mit Recht haben einige Einsender streng unterschieden zwischen der Blindheit als solcher, mit der man sich noch verhältnismäßig leicht abfindet, und den Folgen, deren Überwindung oft erhebliche Schwierigkeiten mit sich bringt. Als besonders schwerwiegende Probleme werden in diesem Zusammenhang genannt: fünfmal die Abhängigkeit von anderen und je einmal das taktlose Mitleid, das einem ständig entgegengebracht wird – die Tatsache, daß man in seinem Beruf häufig keine Befriedigung findet – die Verständnislosigkeit der Mitmenschen.

Das Problem der häufig fehlenden Befriedigung im Beruf sollte man sehr ernst nehmen. Es ist statistisch erwiesen, daß eine – im Vergleich zu Sehenden – überdurchschnittlich große Zahl von Blinden einen Beruf ergreifen muß, der weder den Fähigkeiten noch den Neigungen der Betreffenden entspricht. Die Tatsache der Blindheit zwingt oft einen Beruf auf, den man beim Vorhandensein des Sehvermögens nicht gewählt hätte. Auf diese Weise sind zahlreiche Blinde weit unter ihrem geistigen Niveau eingesetzt und können zur ausgeübten Tätigkeit keinerlei innere Beziehung finden. Ihre Arbeit wird ihnen – weit unterhalb der Zusammengehörigkeit von Beruf und Berufung – zum reinen Gelderwerb, um nicht zu sagen: zum bloßen Zeitvertreib. Hier klafft bei vielen eine tiefe Wunde, und es erfordert ein gründliches Nachdenken darüber, wie solche Wunden zu heilen bzw. wenigstens erträglich zu machen sind.

Richten wir unseren Blick wieder auf die Ergebnisse unserer Umfrage. Das Spektrum der gegebenen Antworten ist verhältnismäßig breit. Erstaunlich, daß bereits bei der ersten Frage der Blindheitsbewältigung der Glaube, die Hilfe Gottes, das Gebet, eine so überragende Rolle spielen. Freilich ist bei einer Vielzahl von Antworten zu beobachten, daß die Beantwortung der verschiedenen Fragen immer wieder ineinander greift.

5. Der Glaube als Lebenshilfe

Hatte schon bei der Frage nach der Bewältigung von Blindheit aus 37 Antworten die Überzeugung gesprochen, daß dies nur durch den Glauben möglich sei, so beantworteten 87 Einsender die direkte Frage nach der Hilfe des Glaubens bei der Bewältigung von Blindheit mit Ja. Lediglich zwei schränkten diese Aussage ein mit dem Hinweis darauf, daß es trotz des Glaubens nicht immer leicht sei, mit der Blindheit fertig zu werden.

»Daß ich die Bibel in Punktschrift bekam und sie mir durch meinen Vater liebgemacht wurde, ist eine ganz große Hilfe. Darum halte ich es für die wichtigste Aufgabe des Christlichen Blindendienstes, dieses Buch allen Blinden nahe zu bringen.«

»Der Glaube an Gott wurde mir eine Hilfe in meiner Erblindung, jedoch bedurfte es eines langen Dialogs mit Gott. Es gab Kämpfe, Resignation, Ringen im Gebet, bis ich auf Gottes Wort hörte: ›Laß dir an meiner Gnade genügen.‹«

»Unser Gott hat mir schon in so vielen Lebenslagen geholfen. Daher vertraue ich ihm und bin gewiß, daß er mich den Weg führt, der gut für mich ist.«

»Ich bin nicht negativ eingestellt gegen meine Blindheit und versuche auch, vom Glauben her ein Ja dazu zu sagen. Aber leicht ist das auf keinen Fall.«

»Ich meine, für einen an Gott gebundenen Menschen sei das Abfinden mit der Blindheit ein wenig leichter. Der Glaube kann uns aber den Schmerz über das Verlorene nicht ersparen und die Zeit zum Überwinden nicht abkürzen.«

»Der Glaube an Gott ist mir deshalb eine Hilfe bei meiner Blindheit geworden, weil der Herr verheißt: ›Ich bin das Licht der Welt; und wer an mich glaubt, der wird nicht wandeln in der Finsternis.‹«

»Ohne Glauben wäre ich nicht hier. Ohne Glauben hätte ich keinen Mut. Ohne Glauben wäre ich längst verzweifelt« (ausnahmsweise sei diesem Zitat angefügt, daß es sich um die Aussagen eines Taubblinden handelt).

»Der Glaube hilft mir; denn nur der Glaube nimmt das Kreuz auf – wobei nicht verschwiegen sein soll, daß man auch beim Kreuztragen recht peinlich stolpern kann, besonders dann, wenn man auf das Kreuz und nicht auf den Weg acht gibt. Und das Nach-der-Seite-schielen mit dem Hintergedanken, ob auch der Nachbar sein Teil aufgepackt bekommen hat, ob sein Kreuz nicht etwa leichter ist – all das bringt Aufenthalt mit sich.«

Daß der Glaube keine Hilfe gewesen sei, bekunden 11 Einsender.

»In dem Moment, als meine Sehkraft schlechter wurde, bzw. ich völlig erblindet war, konnte mir Gott keine Hilfe mehr sein; denn ich lehne ihn seitdem auf das entschiedenste ab.«

Ein anderer formuliert vorsichtiger:

»Mein Glaube an Gott ist nicht sehr stark, deshalb wahrscheinlich keine Hilfe gewesen.«

Ein letztes Zitat noch aus dieser Gruppe von Einsendungen:

»Ich möchte vorausschicken, daß ich den Begriff Gott nicht genau zu definieren vermag. In meiner Kindheit, bis etwa zum 15. Lebensjahr, war ich im Hinblick auf die kirchlichen Traditionen einer Dorfgemeinde genötigt, die sonntäglichen Gottesdienste zu besuchen. Ich habe auch später, besonders während der Konfirmandenzeit meines Sohnes und sporadisch eigentlich bis heute die Gottesdienste in meiner Gemeinde besucht. Die Predigten konnten mir in den wenigsten Fällen etwas geben.«

Glaube habe mit Blindheit nichts zu tun, meint ein einzelner. Darum könne man eine solche Frage im Grunde genommen nicht stellen.

Aus 14 Antwortbriefen spricht die Überzeugung, der Glaube sei erst im Laufe der Zeit zu einer Hilfe geworden. In früheren Jahren sei er es nicht gewesen.

»Zunächst hatte ich keinen Glauben an den lebendigen Gott, sondern an einen selbstgemachten Götzen. In einem Ereignis, das ich nur mit der Bekehrung des Paulus vor Damaskus vergleichen kann, kam ich am Ostersonntag 1945 zum Glauben an Jesus Christus.«

»Daß ich gläubig wurde während meiner Blindheit, ist mir eine Hilfe. Zu Hause bin ich zwar mit meinen Eltern zur Kirche gegangen, habe aber wenig verstanden. In der Blindenschule habe ich zwar etwas mitbekommen, doch noch nicht so tiefgehend wie später, als ich nach manchem Hin und Her nach W. ins Mutterhaus mitgenommen wurde. Dort habe ich eine Menge gehört, was mich tief bewegte.«

Der Glaube sei im ganzen Leben eine Hilfe, meinen mit unbestreitbarem Recht zwei Einsender – nicht nur in der Blindheit.

»Der Glaube an Gott ist mir nicht nur in dieser Beziehung eine Hilfe. Er ist mir im ganzen Leben eine Hilfe. Ich nehme meinen Glauben ganz praktisch an jedem Tag.«

»Über meinem Leben steht: Dein Wille. Ich kann mit Freuden Ja sagen – deshalb, weil ich weiß, daß ›denen, die Gott lieben, alle Dinge zum besten dienen‹.«

Aufs Ganze gesehen hat also eine große Mehrheit bezeugt, daß der Glaube eine Hilfe zur Bewältigung der Blindheit sei. Ein erfreuliches Ergebnis. Dennoch sollten wir dieses Ergebnis mit Nüchternheit zur Kenntnis nehmen. Denn diejenigen, denen die Formulierung »der christliche Glaube ist mir eine Hilfe« zur Selbstverständlichkeit geworden ist, haben diese ihre Überzeugung auch artikuliert. Ich hege keinen Zweifel daran, daß die weitaus meisten von denen, denen christlicher Glaube nichts bedeutet, den Fragenkatalog beiseite gelegt und nicht geschrieben haben. Möglicherweise ist ihnen der Fragebogen nicht einmal zur Kenntnis gebracht worden – sei es, daß sie die Blindenschrift nicht beherrschen und zum Vorlesen niemand zur Verfügung stand – oder sei es aus eigener Interesselosigkeit. Aus der Fülle der positiven Antworten – darüber wird später noch zu sprechen sein – sollten wir unter keinen Umständen den vorschnellen Schluß ziehen, Blinde seien doch wohl – a priori gleichsam – gläubigere Menschen. Man wird mit diesbezüglichen Vergleichszahlen vorsichtig sein müssen. Ich bin nicht sicher, ob die Aufgeschlossenheit für Fragen des christlichen Glaubens unter Blinden – unter Behinderten grundsätzlich – größer ist als bei anderen.

6. Ist Blindheit Führung Gottes?

Daß diese Frage ihre besonderen Schwierigkeiten hat, mag die Tatsache verdeutlichen, daß 32 Einsender (fast 23 %) sie nicht beantworteten. Trotzdem bildet auch hier die Zahl derer, die mit »ja« antworteten, die Mehrheit: 87 = 55 %. Aus der Fülle der Zuschriften seien einige Beispiele wieder wörtlich zitiert:

»Gott hat es so gewollt. Daß Blindheit ein großes Leid ist, müssen wir uns ganz offen eingestehen. Manchmal sind wir übel dran. Nur wenn wir einsehen, daß es Gottes Führung ist, können wir damit fertig werden.« »Ich glaube, daß es Gott zugelassen – oder es auch gefügt hat.«

»Ich weiß, daß dieser Weg richtig und gut für mich ist. Gott macht keinen Fehler.«

»Ich glaube, daß meine Erblindung nicht Zufall ist, sondern von Gott gewollt.«

»Selbstsicher ging ich meinen Weg. Es war ein Irrweg. Jetzt weiß ich, daß ich einen Führer haben muß.«

»Die Blindheit nehme ich als Führung Gottes für mein Leben an. Dies ist mir in der frühen Kindheit zugesagt worden, und im Erwachsenwerden hat sich der Glaube daran gefestigt.«

15 Einsender möchten die Blindheit nicht als Sonderfall herausgestellt wissen, betonen vielmehr ausdrücklich, daß das ganze Leben eine Führung Gottes sei.

»Ich glaube, daß die Vaterschaft und Führung Gottes das Stück meines Glaubens ist, das seit meiner Kindheit am tiefsten in mir verwurzelt ist. Daß davon die Blindheit nicht ausgeschlossen ist, das steht für mich felsenfest.«

»Sicher ist meine Blindheit wie mein ganzes Wesen eine Führung Gottes.«

»Da ich der Meinung bin, daß Gott alle Dinge des Lebens und der Welt in seiner Hand hält, muß ich auch meine Erblindung als seine Führung hinnehmen.« Die Schreiberin fügt hinzu: »Es fällt mir aber schwer.«

»Ich sehe in meiner Blindheit genau so eine Führung Gottes wie in allen anderen Umständen meines Lebens auch, weil nichts ohne Sinn geschieht.«

»Jeder Lebensweg steht unter der Führung Gottes. Warum die Blindheit da besonders hervorheben.«

»Ich lernte, mich in allen Details meines Lebens von Gott her zu bejahen – mich so zu nehmen, wie ich bin – mich nicht selber ändern zu wollen. Seitdem wurde ich geändert – und so auch meine Stellung zu meinem Augenleiden, das ich heute willig bejahen kann.«

»Ja – weil kein Spatz vom Himmel fällt ohne den Willen Gottes.«

»Alles, was in meinem Leben geschah und noch geschehen wird, halte ich für Gottes Führung. Ich wäre sonst wohl zehnmal verzweifelt – trotz des Glaubens und trotz der Gnadengabe, eine sogenannte Frohnatur zu sein.«

13 Einsender wollen ihre Erblindung unter keinen Umständen mit Gottes Führung in Zusammenhang gebracht sehen.

»Blindheit als Schicksal ansehen, ist leichter; man nimmt es hin. Sieht man es als Führung Gottes an, wird es schwieriger. Ich müßte dann fragen: Wie kann Gott mir das zumuten?«

»Diese Frage ist zu lächerlich, als daß man sie überhaupt beantworten könnte.«

»Ich gehe nicht so weit, zu behaupten, daß ich mein Schicksal als eine Führung Gottes ansehe und diese in Demut trage. Ich glaube vielmehr an eine innere Kraft, die mich trägt und der ich vertraue.«

Eine Antwort lautet: »Einmal ja und einmal nein«. Und eine letzte: »Ich weiß es nicht.« Ich bin sicher, daß viele von denen, die nicht geantwortet haben, diesen beiden Antworten zustimmen würden. Wie bei allen Fragen des Katalogs, so werden wir auch hier zu bedenken haben, daß eine pauschale und für alle gültige Antwort nicht gegeben werden kann. Jeder einzelne wird mit sich selbst ins Reine kommen und seine je eigene Antwort geben müssen. Ich selbst möchte mich der Antwort derer anschließen, die bekunden: Wenn ich mein Leben als solches von Gott geführt und verantwortet weiß, dann ist meine Blindheit kein Sonderfall. Ein Wort Dietrich Bonhoeffers scheint mir diesen schwierigen Fragenkomplex am treffendsten zusammen zu fassen:

»Ich glaube, daß Gott aus allem – auch aus dem Bösesten – Gutes entstehen lassen kann und will. Er braucht dazu Menschen, die sich alle Dinge zum Besten dienen lassen.[11]«

7. Wozu? – die Frage nach dem Sinn

Daß auf die Frage, ob man wisse oder ahne, zu welchem Zweck Gott einen habe erblinden lassen, 57 Einsender mit einem mehr oder sicheren »Ja« antworteten, erscheint mir überaus erstaunlich. Und gerade in diesem Fall soll mit Zitaten nicht sparsam umgegangen werden, um zu zeigen, wie mannigfaltig die Gedanken sind, die zu der gestellten Frage geäußert wurden.

»Die Rätsel des Lebens haben mich Gott näher gebracht.«

»Ich denke, im vollen Sinn werde ich den Zweck nie verstehen, bis zu dem Tag, da Gott selbst alle Geheimnisse aufdecken wird. Einige Fingerzeige allerdings sind trotzdem für mich unübersehbar; und ich muß in Stunden der Niedergeschlagenheit immer wieder einmal aufzählen, was an Positivem nicht wäre, wäre ich nicht blind. Zum Beispiel denke ich manchmal: Vielleicht mußte ich blind werden, damit ich zu einem persönlichen Glauben an Gott finden konnte. Von meinem Elternhaus her wäre das nicht ohne weiteres denkbar gewesen.«

»Ich sehe in meiner Erblindung ein besonderes – wenn auch schweres – Tun der göttlichen Zubereitung. Dabei hoffe ich, daß ich für meine Umwelt ein Beispiel der Geduld, der Freude und der Zuversicht sein darf.«

»Man kann fragen: Warum gibt es Blindheit und all das, was noch ärger ist? Ich meine: damit die Barmherzigkeit in der Welt nicht ausstirbt. Damit es Menschen gibt, die auf uns und auf andere sehen und heimgehen und sagen: Gott, ich danke für meine Augen. Oder: daß sie lernen können zu helfen Gutes zu tun. Diesen Zweck könnte meine Blindheit in der Welt haben.«

»Um meinen Glauben zu vertiefen.«

»Ich vermute, daß Gott mich auf die Probe stellen will.«

»Durch meine Blindheit bin ich viel mehr von Gott abhängig und bleibe vor manchen Versuchungen bewahrt.«

»Meine Angehörigen stehen nicht im Glauben. Und wenn ich nur zu Hause aufgewachsen wäre, hätte ich vielleicht in meinen entscheidenden Kinder- und Jugendjahren nie in dem Maß die Möglichkeit gehabt, mit Fragen des Glaubens in Berührung zu kommen, wie dies in der Internatszeit der Fall war.«

»Ich sehe meine Erblindung nicht nur als eine Prüfung für mich an, sondern hoffe auch, daß Gott mir Kraft gibt, anderen – auch Blinden – Hilfe und Trost zu sein.«

»Ich meine zu ahnen, daß Gott mich deshalb erblinden ließ, weil ich vielleicht noch störrischer gewesen wäre, wenn ich hätte sehen können. Vielleicht hätte es für mich sonst keine Chancen gegeben, zu Gott zu finden.«

»Erst viel später sah ich einen Sinn darin, daß mir vielleicht die Möglichkeit gegeben werden sollte, der zu werden, der ich heute bin. Mein Lebensweg wäre als Sehender wohl ganz anders verlaufen.«

» . . . ich soll meinen Herrn in diesen Schranken verherrlichen.«

»Mein Menschenverstand wähnt: Ein sehendes Auge hätte mir zum Ärgernis werden können.«

»Vielleicht war es gerade das richtige Mittel, um meine Gedanken, mein Tun und mein ganzes Leben zu ändern.«

Das nächste Zitat sei dem Leser deshalb nicht vorenthalten, weil es zutiefst erschütternd ist und die ganze innere Verkrampfung eines Menschen zeigt, der weder mit Gott, noch mit der Welt, erst recht nicht mit sich selbst zurechtkommt:

»Ja – ich glaube, daß Gott einen Grund hatte, mir das Augenlicht zu nehmen. Es heißt in der Bibel, daß sich die Sünden der Vorfahren fortsetzen bis ins dritte und vierte Glied. Und ich nehme an, daß ich eventuell für irgendeine (mir allerdings unbekannte) Sünde meiner Vorfahren bestraft werde.«

Welcher Art von kirchlicher Verkündigung muß der Schreiber dieses Briefes begegnet sein!

Überhaupt muß ich gestehen, daß mir beim Lesen einiger Antworten unheimlich zumute wurde. Bedenkt man nicht nur den zuletzt genannten Aspekt der Bestrafung für Sünden, die man selbst nicht begangen hat, sondern auch etwa die Vorstellung, Gott belade einen Menschen mit Leid, um anderen dadurch Gelegenheit zu geben, barmherzige und gute Werke zu tun, dann bleibt einem in der Tat nur die Frage: Was für ein Gott wäre das!

Die Frage wird später noch einmal aufgegriffen werden.

Mir selbst liegen die Antworten derer näher, die vom eigenen Wissen auf das Wissen Gottes verweisen. Erstaunlicherweise waren dies nur fünf.

»Welchen Zweck meine Blindheit hat? Das ist eine Frage, die man verschieden beantworten kann. In jedem Fall aber soll das Leid uns nicht als Strafe erscheinen; sondern: weil Gott es uns auferlegt hat, wird er auch wissen wozu.«

»Einen direkten Grund könnte ich nicht nennen, weiß jedoch, daß Gott nichts ohne Absicht tut, auch wenn wir es nicht immer erkennen.«

In die gleiche Richtung weisen 2 Antworten, die mir ebenfalls Wert scheinen, zitiert zu werden:

»Warum ich blind bin, vermag ich nicht zu sagen, weil ich mir nicht anmaße, Gottes Gedanken begreifen zu wollen. Wohl dem, der sich auch hier zu den Auserwählten zählen kann. Solche Selbstdeklamationen sind freilich ungemein publikumswirksam. Es läßt sich in dieser Welt eben nicht alles nach unserem Wissen und Vermögen erklären.«

»Wozu ich blind bin? Das kann ich wirklich weder wissen noch ahnen. Ich halte mich eben nicht für so begabt – oder so begnadet meinetwegen –, in Gottes Pläne hineinsehen zu können.«

Das erinnert an ein Wort des Apostels Paulus: »Wer hat des Herr Sinn erkannt oder wer ist sein Ratgeber gewesen« (Römer 11, 34).

So sind es denn auch 35 Einsender (25%), die unumwunden zugeben, nicht zu wissen, ja nicht einmal zu ahnen, wozu Gott sie diesen Weg führt.

»Für mich gibt es keinen Zweck. Gott hat nach meiner Meinung kein Programm, wie dieser oder jener Mensch werden sollte. Er steuert die Einflüsse, die vielleicht einen Menschen dazu bringen können, einen für ihn besseren Weg einzuschlagen. Er sorgt dafür, daß jeder Mensch sein Leben, das er ihm gegeben hat, findet und so gestaltet, wie er es richtig findet.«

»Warum ich diesen Weg des Glaubens als Blinder gehen muß, weiß ich nicht.«

»Nein. Gott schenkt es mir, daß ich nicht in dumpfes Grübeln komme.«

»Was Gott durch meine Blindheit bei mir bezwecken wollte oder will, das weiß ich nicht. Ehrlich gesagt: es beunruhigt mich nicht, daß ich es nicht weiß.«

»Zu welchem Zweck Gott mich erblinden ließ? Die Antwort der heiligen Schrift, das Wort des Herren: ›Was ich jetzt tue weißt du nicht; du wirst es aber hernach erfahren.‹ Welch ein Segen, daß ich dieses Wort des Herrn als Antwort auf meine Fragen erkennen durfte.«

39 Einsender verweigerten auf die Frage nach dem »Wozu« die Auskunft.

Zählt man die Antworten zusammen, die 1. auf ein glattes »Nein« hinauslaufen, 2. von ihrem eigenen Wissen auf das Wissen Gottes verweisen, 3. hinzufügen, man könne Gottes Ratschluß nicht ergründen, und fügt man endlich die Zahl derer hinzu, die zu dieser Frage keine Aussage machen – sie meinen ja vermutlich auch »Nein« –, so ergibt sich, daß 81 Einsender nicht wissen bzw. ahnen, warum Gott sie blind geboren werden oder im Lauf ihres Lebens erblinden ließ.

An dieser Stelle sei ein Blick auf ähnliche Diskussionen erlaubt, die in den Jahrgängen 1973/74 in »Lux Vera«, der nur in Blindendruck erscheinenden Zeitschrift des Deutschen Katholischen Blindenwerks, geführt wurden. Zwei Leserzuschriften scheinen mir bedenkenswert.

Die erste Antwort auf die landauf, landab gelegentlich geäußerte Auffassung, Gott habe uns erblinden lassen, um uns zu zeigen, daß er es besonders gut mit uns meine:

»Als ich noch ein Kind war, sagte man mir oft: Du mußt über dein Schicksal nicht traurig sein. Du wirst einmal im Himmel besonders hoch hinaufkommen und besonders gut sehen. Eine liebe taubblinde Briefpartnerin dagegen schrieb mir einmal, daß sie es eine Anmaßung finde, wenn man sage: Dich hat der liebe Gott besonders lieb, daß er dir ein solches Kreuz zu tragen gibt.«

Das zweite Zitat druckt »Lux Vera« aus einem Jahrbuch des Deutschen Blindenverbandes ab.[12] Es setzt sich mit der ebenfalls recht einfältigen Ansicht auseinander, Blindheit sei für die Nichtbetroffenen ein Anreiz zur Verwirklichung von Liebe und Barmherzigkeit:

»Die Schrift sagt: ›Geben ist seliger denn nehmen.‹ Aber worin liegt schließlich die Seligkeit des Gebens? Zuerst einmal in dem Bewußtsein der guten Tat, die wärmend auf den Täter zurückstrahlt und sein Selbstgefühl erhöht. Nicht nur aus dem Islam, sondern auch aus dem 20. Jahrhundert des christlichen Abendlandes ist mir auf die Frage nach dem Sinn der Blindheit die Antwort begegnet, daß der Blinde in der Welt sei, um seinen Mitmenschen die Möglichkeit zu bieten, den Stand ihres himmlischen Kontos durch gute Werke zu verbessern. Dieses profane Bild wagt natürlich niemand; aber es zeigt, worum es geht. Mir erscheint die Sache bedenklich; denn was wird dann aus meinem eigenen Konto? Erhalte ich für jede angenommene Wohltat eine Lastschrift? Ach nein. Im Himmel sicher nicht. Aber – wie ist es hier auf Erden? In unserer irdischen Welt jedenfalls drückt die Last des Nehmenmüssens den schwerbehinderten Menschen oft sehr hart; denn er zahlt für die unvermeidlichen Wohltaten oft mit einem Verlust an Selbstgefühl, Intimsphäre und nicht selten an Menschenwürde, welche ihm der Gebende ungefragt und fast immer unbewußt innerlich abzieht.«

Gewiß: überspitzt. Aber hautnah am eigentlichen Problem und darum bedenkenswert. Im Zusammenhang mit solchen Sätzen kommt mir die Frage nie aus dem Sinn: Wäre einem Gott Güte zu bescheinigen, der schier unzumutbare Lasten auferlegt, nur um dadurch andere zur Barmherzigkeit zu provozieren? Vielleicht kann nur ein selbst Betroffener so fragen – wie ja auch die Schreiberin obiger Sätze zu den Betroffenen gehörte. Trotzdem sollte diese Frage auch und gerade von denen ernstgenommen werden, die sich auf der Seite der angeblich zur Liebe Provozierten finden. Ich kann mir Gott so nicht denken, kann nicht glauben, daß er den einen nur darum blutig schlagen läßt, um einem anderen Gelegenheit zur Liebe zu geben. Damit ist nicht bestritten, daß das in der Welt vorfindliche Leid zur helfenden Liebe provoziert. Energisch bestritten ist dagegen die Vorstellung, Gott verfolge diese Absicht bewußt dadurch, daß er Wunden schlägt. Mit Sicherheit zeigen diese Überlegungen, daß der Mensch die Rätsel der Führungen Gottes nicht lösen kann. Rudolf Otto hat wohl recht, wenn er in seinem Buch »Das Heilige« darauf verweist, daß das Geheimnis Gottes nicht nur fasziniert, in seinen Bann zieht und nie wieder losläßt – daß das Geheimnis Gottes vielmehr immer auch den Menschen zum Fragen zwingt und ihn erschauern macht. Wir sollten dies getrost zugeben können: Die Frage nach dem »Warum« ist nicht beantwortbar – auch dann nicht, wenn man (ein Versuch, der gern unternommen wird, aber so gut wie nichts einbringt) nicht nach dem »Warum«, sondern nach dem »Wozu« fragt. Es bleibt bei der Frage des Paulus in Römer 11,34: »Wer hat des Herrn Sinn erkannt oder wer ist sein Ratgeber gewesen?«

Wer vor dieser Frage stehenbleibt, tut dies nicht, weil er resigniert. Paulus beginnt den betreffenden Abschnitt ja mit einem Jubelruf: »O welch eine Tiefe des Reichtums, beides, der Weisheit und Erkenntnis Gottes!« (Vers 33). Wenn in der Bibel so betont von der »Weisheit und Erkenntnis Gottes« die Rede ist, dann ist in jedem Fall die Liebe im Spiel. Dies freilich ist – ob begreifbar oder unerforschlich – die einhellige Meinung der Heiligen Schrift: Der letzte Grund alles Handelns Gottes ist seine Liebe. Was uns mit unserem forschenden Verstand nicht möglich ist, kann und wird in vielen Fällen dem anbetenden Glauben möglich werden. Er wird mit dem Psalmbeter sprechen können: »Dennoch bleibe ich stets an dir; denn du hältst mich bei meiner rechten Hand. Du leitest mich nach deinem Rat und nimmst mich am Ende mit Ehren auf« (Psalm 73).

8. Blindheit – eine besondere Aufgabe?

Die Frage B 3 erweist sich – zugegeben – bei näherem Hinsehen als unlogisch, da die beiden Teile keine echte Alternative darstellen. Die Frage nach dem Schicksal, das man erträgt, weil man es nicht ändern kann, ist in den vorangegangenen Fragen nach der Bewältigung von Blindheit sowie nach der Rolle des christlichen Glaubens bei solcher Bewältigung immer schon mit im Blick gewesen. Darum kann sie hier außer acht bleiben. Ich beschränke mich deshalb in diesem Abschnitt auf die Auswertung der Frage nach dem besonderen Auftrag, der in der Blindheit gesehen bzw. nicht gesehen wird.

55 Einsender haben an dieser Stelle keine Angaben gemacht. 17 weitere haben mitgeteilt, daß sie in ihrer Blindheit keinen besonderen Auftrag erkennen können, einen solchen Auftrag verneinen oder gar entschieden ablehnen.

»Ich lehne den Gedanken des besonderen Auftrags oder einer Bevorzugung, die man durch eine Behinderung hat, vollkommen ab.«

»Nicht meine Blindheit erkenne ich als Auftrag, sondern Gott erteilt Aufträge durch seinen Geist.«

Mehr als die Hälfte der Einsender also ignorieren oder verneinen die Frage nach einem besonderen Auftrag, der ihnen durch ihre Blindheit gegeben sein könnte. Wenden wir uns denen zu, die einen Auftrag in ihrer Blindheit meinen erkennen zu sollen.

An der Spitze steht die Gruppe derer, die ihren Auftrag darin sehen, anderen Blinden und sonst Behinderten, anderen Menschen überhaupt, helfend zur Seite zu stehen, sie zu trösten, sie zu ermuntern, sie aus ihrer Isolation herauszuführen. 35 Antworten zielen in diese Richtung.

»Den Auftrag, den Gott mir gibt, sehe ich darin, unseren alten Späterblindeten zu helfen.«

»Ich habe immer wieder Blinde ermuntert, aus ihrer Isolierung herauszukommen und am Leben der Gemeinde teilzunehmen.«

Der nächste Briefauszug stellt die Blindheit wieder in den größeren Zusammenhang:

»Wir sollten in der Blindheit nicht etwas ganz Außergewöhnliches sehen. Sie ist eine Form des Lebens, wie es noch viele andere Formen gibt. Demzufolge besteht auch unser Auftrag darin zu zeigen, wie man aus der behinderten Lage das bestmögliche herausholen kann. Dadurch können wir andere ermutigen, auch in ihrem Leben – wenn auch mit anderen Schwierigkeiten – fertigzuwerden. Große Aufträge sind gewiß nur wenigen Blinden beschieden.«

»Ich glaube, daß uns Gott nicht das Leid schickt, um uns zu quälen, sondern weil er uns durchs Leid für andere Leidende gebrauchen will. Die eigene Last wird leichter, wenn wir bereit sind, anderer Last mitzutragen. Es ist mein Gebet, daß der Herr mir helfe, jede Gelegenheit zu nutzen, Blinden das innere Auge hell zu machen für Christus.«

11 Einsender sehen ihren besonderen Auftrag darin, »anderen zum Segen zu sein«, konkret: ihnen zu zeigen, daß auch ein Behinderter ein fröhlicher Mensch sein kann, und: für andere ein Zeichen der Hoffnung aufzurichten.

»Als Blinde begegnet man seiner Umgebung sicher anders. Die angeblichen Freunde entpuppen sich schneller. Ich kann häufig durch mein So-Sein anderen helfen, ohne daß ich es weiß.«

»Durch mein Blindsein ergeben sich bei mir hier und da kleine Möglichkeiten und Gelegenheiten, mit Menschen ins Gespräch zu kommen. Man erzählt mir, wenn man mir hilft, von eigenen Schwierigkeiten und Sorgen, und es kommt oft zum guten Austausch über wesentliche Dinge. Man hat als Blinder meist mehr Zeit und Einfühlungsvermögen für Menschen, die es in anderer Weise schwer haben.«

»Ich persönlich sehe meinen Auftrag darin, daß ich dadurch, wie ich mein Blindsein mit Gottes Hilfe trage, ihm die Ehre gebe und so anderen Leidtragenden mit oder ohne Worte zeige, daß es trotz allem einen liebenden Gott gibt.«

»Wir können anderen, die diese Behinderung nicht haben, ein Zeichen der Hoffnung setzen. Um das klar zu machen, führe ich den umgekehrten Fall an: Ich freue mich immer außerordentlich, wenn gelähmte Menschen zurecht kommen; auch dann, wenn ihnen geholfen werden muß. So geht es sicher auch vielen Sehenden uns Blinden gegenüber.«

»Weil ich durch meine Blindheit viele Schwierigkeiten zu überwinden habe, kann ich auch die Probleme anderer besser erkennen. Mit den gesammelten Erfahrungen kann ich ihnen manchmal helfen.«

Gottes Liebe weiterzutragen, andere zum Glauben zu rufen, sie zu Christus hinzuführen: dies sehen 9 Einsender als ihren mit der Blindheit gegebenen besonderen Auftrag an.

»Ich sehe meinen Auftrag grundsätzlich darin, die Liebe und Freundlichkeit Gottes, die ich erfahren habe, weiterzugeben. Ich bin mir bewußt, daß ich mir durch meine Blindheit manchen Zugang zu Menschen verschaffen kann, den ich als Sehender so schnell nicht bekäme – eben: Weil ich auch ein Stück Last selbst zu tragen habe. Diesen Vorteil muß ich nutzen.«

»Ich sehe in meiner Erblindung einen Auftrag zum Dienst an meiner Umgebung. Dabei spielt das Gebet und der Versand eines von mir in unregelmäßigen Abständen erstellten Rundbriefes über Glaubensfragen eine besondere Rolle.«

5 Einsender sehen ihre Aufgabe einfach darin, das ihnen auferlegte Leben zu meistern – ihr Schicksal zu bewältigen. Ihre Blindheit sehen sie als Bewährung.

»Das Gleichnis von den anvertrauten Pfunden hat mir schon oft geholfen bei der Frage nach dem Sinn des Leides. Man spricht zuviel vom anvertrauten Pfund der Begabung, des zugeteilten Talents, und vergißt die Chance in der Bewährung.«

Der Schreiber dieser Zeilen geht – für sich jedenfalls – offensichtlich davon aus, daß auch Leid – Blindheit – anvertrautes Pfund sei, mit dem es zu wuchern gelte – eine Vorstellung, die, wie es mir scheint, in der christlichen Verkündigung durchaus einen legitimen Platz beanspruchen kann. Es sollte sich wohl lohnen, solche Gedanken konsequent weiterzudenken.

In nur einer schriftlichen Antwort und in den Ergebnissen eines während einer Blindenfreizeit geführten Gesprächs wird eine Aufgabe angesprochen, die mit Sicherheit dringlicher ist, als es dieses magere Ergebnis vermuten lassen könnte: Es gelte alles zu tun, die noch in unvorstellbarem Maß vorhandenen Vorurteile Gesunder gegen Behinderte abzubauen.

»Ich sehe es als meinen Auftrag an, mich stets zu bemühen, die negativen Vorurteile der Sehenden gegenüber Blinden abbauen zu helfen. Man ist immer wieder erstaunt, welche unglaublichen Vorstellungen die Sehenden noch von den Blinden haben.«

Weil dies so erschütternd wahr ist, habe ich nicht verstanden, warum diese Aufgabe in den 140 schriftlichen Antworten nicht weit öfter angesprochen wurde.

Soviel zu den besonderen Aufgaben, die 48,6% der Einsender in ihrer Blindheit meinen sehen zu müssen. Manche gegebenen Antworten freilich sind nicht primär mit der Tatsache der Blindheit zu verknüpfen. Die in ihnen angesprochenen Aufgaben sollten von jedem Christen – ob behindert oder nicht – ernstgenommen werden. Trotzdem mag in vielen Fällen die Blindheit dazu beigetragen haben, daß die Aufgabe erkannt und zu verwirklichen begonnen wurde. Oft bedarf es ja eines bestimmten Anstoßes, ehe einer erkennt, was seines Amtes ist.

An dieser Stelle sei mir wieder ein Seitenblick gestattet. Wer Blindendruckzeitschriften aus dem katholischen Raum liest, begegnet dort je und dann dem Hinweis, man müsse seine Blindheit »Gott aufopfern«. Diese Formulierung muß uns evangelische Christen befremden. Wir würden dies so nicht formulieren können.

Allerdings sollten wir einmal darüber nachdenken, ob mit diesem befremdlichen Ausdruck nicht etwas gemeint sein könnte, was auch uns evangelische Christen betrifft. Die Blindheit ist unser Weg. Und ich bin der Überzeugung: Sie ist nicht nur eine Last. Sie ist uns – wie und warum auch immer – zugemessen, und mehr als einer wird soweit gehen zu sagen: Sie ist eine Gabe – eine Gabe, wie vieles andere, das mein Leben prägt und bestimmt. Gabe aber ist immer zugleich Aufgabe. Sollte es – so gesehen – nicht unsere Aufgabe sein, uns so, wie wir nun einmal sind, Gott zur Verfügung zu halten mit allem, was uns prägt und bewegt, also auch mit unserer Blindheit? Ich meine in der Tat, daß dies unsere Aufgabe sei. Und ich bin davon überzeugt, daß Gott so über uns zu verfügen weiß, daß auch unsere Blindheit uns selbst und anderen zur Hilfe wird – trotz aller Last, die mit dem Blindsein nun einmal verbunden ist. Ich halte mich für Gott zur Verfügung: dieser so allgemein scheinende Satz wird in bestimmten Situationen meines Lebens mit Sicherheit sehr konkret werden.

9. Der Einfluß der Blindheit auf den Glauben

Stand in den bisherigen Abschnitten immer wieder die Frage im Vordergrund, ob der christliche Glaube bei der Bewältigung von Blindheit eine Rolle spielen könne, so ist hier umgekehrt nach dem möglichen positiven oder negativen Einfluß der Blindheit auf den Weg zum Glauben gefragt.

45 Einsender haben diese Frage nicht beantwortet. 38 weitere bestreiten, daß Blindheit auf den Glauben irgendeinen Einfluß haben könne. Zum Teil verneinen sie dies für ihre Person, zum Teil lehnen sie einen Zusammenhang zwischen Blindheit und christlichem Glauben grundsätzlich ab.

»Ich glaube nicht, daß die Blindheit einen Einfluß auf meinen Glauben hatte. Wahrscheinlich wäre ich auch als Sehender in die Auseinandersetzung mit diesen Fragen geraten.«

»Keine Auswirkungen. Ich bin blind. Wäre ich nicht blind, hätte ich möglicherweise ein anderes Leid, das ich bis zu meinem Ende tragen müßte.«

»Ich bin der Auffassung, daß die Blindheit keine weiteren Auswirkungen auf den Glauben hat. Der Glaube stellt sich mir als Geschenk der Gnade dar, wobei es nicht von Bedeutung ist, ob der einzelne sieht oder blind ist.«

»Ist man kein religiöser Mensch, wird man auch durch Blindheit nicht religiös werden.«

»Ich denke an das Wort: ›So liegt es nun nicht an jemandes Wollen oder Laufen, sondern an Gottes Erbarmen‹.«

9 Einsender teilen mit, nicht zu wissen, ob die Blindheit irgendeinen Einfluß – sei dieser negativ oder positiv zu werten – auf ihren Glauben gehabt habe.

»Ich weiß nicht, ob mein Weg zum Glauben durch die Blindheit leichter oder schwerer war. Ich weiß nur, daß Gott mich oft gerade durch Erlebnisse, die mit meinem Blindsein zusammenhängen, festgehalten oder mitunter auch zurückgeholt hat.«

»Ich kann nicht sagen, ob der Glaube mir leichter oder schwerer gefallen ist. Dazu fehlt mir einfach die Vergleichsmöglichkeit.«

Der Glaube sei ihnen durch ihre Blindheit leichter geworden, bekennen 35 Einsender – mit 25% also eine erstaunlich große Zahl. So viele positive Antworten hatte ich nicht erwartet. Zahlreiche Gespräche und Erfahrungen ließen anderes vermuten. Dies mag freilich auch wieder damit zusammenhängen, daß eine Vielzahl derer, die negativ geantwortet hätten, die Fragebögen nicht zurücksandten.

»Mein Weg zum Glauben war entscheidend dadurch bestimmt, daß ich das Elternhaus verlassen mußte. Was ich von zu Hause mitbekam, war ein Anfang, ein erster Schritt, der sicher notwendig war, aber nicht genügte. Erst durch den Einfluß der Blindenschulen und der Menschen, die ich fern vom Elternhaus kennenlernte, weil ich Elternersatz in vieler Hinsicht brauchte, ermöglichte mir ein tieferes Eindringen in Gottes Wort und die Geheimnisse des Glaubens.«

»Meine Erblindung hat insofern Einfluß auf meinen Glauben, als mich immer wieder wunderbare Durchhilfe zu tiefer Dankbarkeit zwingt.«

»Jedes harte Geschick läßt nach Hilfe suchen und verweist damit auf Gott. Jede Not hat den Weg erleichtert.«

Daß der Weg zum Glauben ihnen durch die Blindheit schwerer geworden ist, bekennen nur 9 Einsender.

»Der Weg zum Glauben war schwer für mich. Und wenn ich nicht gute Freunde gehabt hätte (sie sind nicht blind, aber haben auch ihre Notlagen im Glauben durchgehalten): Ich weiß nicht, ob ich nicht auch bei den dauernden Zweiflern hängengeblieben wäre.«

»Wie schon gesagt, lehne ich um meiner Blindheit willen Gott völlig ab. Der Weg zum Glauben an ihn ist nicht schwerer geworden, sondern es ist geradezu empörend in meiner Situation den Namen Gott überhaupt in den Mund zu nehmen.«

Auch an der Auswertung dieser Frage gemessen, zweifle ich daran, daß die Auffächerung der Antworten für die Gesamtheit der Nichtsehenden repräsentativ sein kann. Ich bin sicher, die Gruppe derer, denen um ihrer Blindheit willen der Weg zum Glauben bzw. das Durchhalten des Glaubens erschwert wurde und wird, ist wesentlich größer, als es aufgrund der eingegangenen Antworten den Anschein hat.

10. Die Frage nach der erleichterten oder erschwerten Konzentration

Diese Frage halte ich deshalb für besonders wichtig, weil zahllose unserer sehenden Freunde pauschal der Meinung sind: Blinden fällt es leichter als Sehenden, sich für längere Zeit – oder überhaupt – zu konzentrieren. Scheinbar bestätigt wird diese Auffassung durch die Beobachtung vieler Tagungsreferenten, Blinde seien ihre besten und konzentriertesten Zuhörer. Ein Referent stellte während einer Tagung mit blinden Teilnehmern fest, »in diesem Kreis« müsse er selbst mehr leisten, weil schlechte Vorbereitung und unkonzentriertes Reden sofort registriert werde. Welches Ergebnis hat die diesbezügliche Frage unter den Selbstbetroffenen gezeitigt?

41 Einsender haben diese Frage nicht beantwortet. 10 weitere betonen, diese Frage sei von ihnen nicht zu beantworten, weil die Vergleichsmöglichkeit fehle. Zum Beispiel:

»Die Frage, ob ich als Blinde konzentrierter Gottes Wort hören oder lesen kann, kann ich nicht beantworten. Ein Leben als Sehende kenne ich nicht.«

»Diese Frage kann nur ein Späterblindeter beantworten, weil der Früherblindete ja nicht weiß, ob und wie er sich als Sehender konzentrieren könnte.«

Auch in diesem Fall bejaht eine erstaunlich große Zahl von Einsendern – 44 – die gestellte Frage.

»Als ich noch sehen konnte, ließ ich mich beim Hören der Predigt oft ablenken durch Menschen, die vor oder neben mir saßen, was jetzt wegfällt.«

»Während meiner Blindheit mache ich von jeher die Erfahrung, daß das Fehlen der sehbaren Eindrücke zur verstärkten Konzentration beim Predigthören und Lesen hilft.«

Dies ist das Argument, das in den meisten der 44 bejahenden Antworten die wesentlichste Rolle spielt: Man wird durch das Auge nicht mehr abgelenkt.

»Ich meine mich als Blinde im Gottesdienst besser konzentrieren zu können, weil ich beim Zuhören durch das Auge nicht abgelenkt werde. Wie oft höre ich von sehenden Teilnehmern, daß sie während des Gottesdienstes oder während einer Bibelstunde dies und das beobachtet haben. Da ist mir wirklich schon manchmal der Gedanke gekommen, daß ich besser hingehört habe.«

Daß Konzentration nicht einfach naturgegeben vorhanden ist, betonen zwei Einsender ausdrücklich. Der eine spricht davon, daß Konzentration immer wieder neu erkämpft, der andere, daß sie erbeten sein wolle – auch wenn sie beim Blinden besser sei als beim Sehenden.

Daß Blindheit die Konzentration keineswegs erleichtere, ja sie manchmal geradezu erschwere, kommt in 20 Einsendungen zum Ausdruck. So findet sich immer wieder der durchaus richtige Hinweis, daß nicht nur die Augen Quelle der Ablenkung seien, sondern ebenso Ohren, Nase und Gedanken. Ich vermute, das ist bei jedem Hörer oder Leser der Fall – bei einem Blinden vielleicht manchmal in weit intensiverem Maße.

»Für mich ist die Blindheit keine Hilfe zur Konzentration. Heute wie früher muß ich meinen ganzen Willen aufbieten, um uneingeschränkt dabei zu sein.«

Auf die besonders große Empfindlichkeit blinder Menschen bezüglich anderer als gesehener Eindrücke macht die folgende Antwort aufmerksam:

»Ich kann nicht sagen, daß mir die Blindheit die Konzentration erleichtert. Im Gegenteil: Das kleinste Geräusch lenkt mich ab.«

»Viele behaupten, als Blinder sei man nicht so abgelenkt. Ein Gedanke kann sich beim Predigthören und Beten dazwischendrängen. Und schon ist man auf der Seite. Andere werden durchs Sehen abgelenkt – unsereiner durchs Hören und durch abschweifende Gedanken.«

Daß die Auswirkungen der Blindheit auf die Konzentration im Leben eines Menschen keineswegs immer konstant sind, zu verschiedenen Zeiten vielmehr durchaus unterschiedlich sein können: diese Beobachtung machten 12 Einsender. In einem Brief steht der knappe Hinweis:

»Ist verschieden und kommt auf meine Verfassung an.«

Daß bei der Frage der richtigen Konzentration – ob bei Blinden oder bei Sehenden, dürfte hier wohl keine Rolle spielen – ein wesentlicher Faktor der Gegenstand ist, auf den es sich zu konzentrieren gilt, ist die durchaus zutreffende Beobachtung des folgenden Briefauszuges:

»Die Blindheit erleichtert das Predigthören, wenn man von der Predigt angesprochen ist, sie hindert einen, der Predigt weiter zu folgen, wenn einem die Aussage nicht paßt, da man ungestört durch Bewegungen und anderes dem vorher Gesagten mit eigenen Gedanken nachhängt und dadurch für den Prediger abschaltet.«

13 Einsender – und wieder bin ich erstaunt, daß es so wenige sind – sind der Überzeugung, daß auch die Konzentrationsfähigkeit nichts mit der Blindheit zu tun habe. Freilich gilt es zu bedenken, daß diese Überzeugung auch in einer Reihe anderer Einsendungen anklingt – vor allem bei denjenigen, die in der Blindheit keinerlei Hilfe zur besseren Konzentration erkennen können.

11. Sind Blinde besonders gläubig oder besonders ungläubig?

Die an sich absurde Frage wurde in jenen Fragebogen aufgenommen, weil im Laufe der Jahrtausende beides oft behauptet worden ist. Wie nun reagierten die Betroffenen auf diese Pauschalbeurteilungen?

60 Einsender haben diese Frage nicht beantwortet. Damit war zu rechnen. Ebenso zu erwarten war die hohe Zahl derer, die bezüglich der Gläubigkeit bzw. der Glaubenslosigkeit des Menschen keinen Unterschied zwischen Sehenden und Nichtsehenden erblicken können. Es waren 65. Einige wenige Briefauszüge mögen diese Beobachtung verdeutlichen:

»Wenn man uns Blinde einmal für besonders fromm, ein andermal für besonders ungläubig hielt, so ist das ein Beweis dafür, daß wir auch nicht anders sind als andere Menschen.«

»Es tut mir manchmal ein bißchen weh, wenn manche Sehende es mit soviel persönlichem Engagement betonen, dem Blinden sei doch sozusagen die Liebe zu Gott mit in die Wiege gelegt. Man kennt mich ein wenig und meint dann, von meinem Glauben auch auf den Glauben anderer Blinder schließen zu können. Aber solche Pauschalurteile werden ja doch nicht nur von der biblischen Grundwahrheit, daß jeder Mensch – und deshalb selbstverständlich doch auch der Blinde – die volle Freiheit, sein Leben nach Gott auszurichten oder eben nicht, sondern in erschütternder Weise ebenso von der Praxis widerlegt.«

»Blinde Menschen sind wie alle anderen auch – also wegen ihrer Blindheit – weder besonders gläubig noch besonders ungläubig. Wie wir alle wissen, lehrt die Not sowohl das Beten als auch das Fluchen.«

»Als Kind glaubte ich zwar immer, gerade Blinde müßten besonders religiös eingestellt sein, mußte dann aber bald durch das Zusammenleben mit anderen Blinden feststellen, daß die Quote der Gläubigen unter ihnen auch nicht höher ist als unter Sehenden.«

»Jeder ist eine Persönlichkeit. Und jeder geht einen anderen Lebensweg. Darum kann man von einer ganzen Gruppe nicht sagen, daß sie gläubig oder ungläubig sei.«

»Ich halte Blinde für ebenso gläubig oder ungläubig wie andere auch. Nach meiner Meinung sind sie ebenso abhängig von der Erziehung zum Glauben, von dem ganzen Gang ihres Lebens, von ihrer erblichen Veranlagung.«

Interessant in diesem Zusammenhang scheint mir der Versuch eines Einsenders, die verschiedene Beurteilung Blinder im Lauf der Geschichte zu erklären:

»Wenn man Blinde für ungläubig hielt, so liegt das an einer immer wieder aufkommenden Meinung, daß Krankheit oder Mißgeschick Gottes Strafe sei, die nur den besonders Schlechten oder Ungläubigen trifft. Ebenso falsch ist die Meinung, besonders Blinde seien mit höheren Gaben versehen und stünden Gott näher.«

Immerhin meinen dies – Blinde seien besonders gläubig – 6 Einsender. Ein schöner Traum, möchte man denken, wenn man die nachstehend zitierte Antwort liest, und möchte den Seufzer anfügen: wenn es doch so wäre!

»Ich glaube, daß der überwiegende Teil der Blinden gläubig ist.«

In ebenfalls 6 Antworten wird – im Gegenteil – behauptet, Blinde seien als besonders ungläubig anzusehen.

»In meinem Bekanntenkreis – vor allem unter den Jüngeren – gibt es sehr wenige, die glauben. Viele fragen: Wie kann Gott zulassen, daß ich blind bin?«

»Ich bin der Meinung, daß viele Blinde sehr schwer mit ihrem Weg fertig werden. Ich habe es selbst erlebt, daß, wenn man ihnen mit Gott kommt, sie nicht viel davon wissen wollen. Sie sind verhärtet und verbittert. Sie können nicht verstehen, daß Liebe Gottes so aussehen soll.«

Ein Einsender versucht eine Erklärung für den Unglauben Blinder – eine Erklärung, über die ich erschrocken bin. Und wer wollte nachprüfen, was an Realität hinter diesem Erklärungsversuch steht?

»Durch den frommen Übereifer in der Blindenanstalt beider Konfessionen sind alle mir bekannten Kameraden vom Glauben vollkommen abgefallen und Atheisten geworden. Aufgrund der Tatsache, daß der Blinde als Abhängiger viel kritischer auf die Nächstenliebe der Gesunden sieht und hierbei bekanntlich schlechte Erfahrungen macht, glauben die meisten nicht mehr, was in der Bibel erzählt wird.«

Drei Einsender vermuten, es könne durchaus beides zutreffen. Wie dies zu verstehen ist, mag der folgende Briefauszug verdeutlichen:

»Blinde unterscheiden sich sicher nicht nur von Gesunden, sondern auch von anderen Gebrechlichen. Ihre Abgeschlossenheit von vielen äußeren Eindrücken führt sicher zu einer Intensivierung ihres Innenlebens. Aber das muß sie nicht gläubiger, sondern kann sie auch ungläubiger machen. Die Chancen, zu einem besonders lebendigen Glauben zu kommen, aber auch die Gefahr, heftige Atheisten zu werden, sind für sie wahrscheinlich gleichermaßen größer als bei anderen.«

12. Wie können wir helfen?

39 Einsender machten auch zu dieser Frage keine Angaben bzw. waren unsicher. Im übrigen stellen die Antworten eine bunte Pallette von Gedanken und Vorschlägen dar, wie man Behinderten helfen bzw. ihnen Mut zusprechen könne. Es ist verständlich, daß dabei eine Reihe von Antworten sich ständig wiederholen.

Bevor einzelne Antworten vorgestellt werden, zitiere ich zunächst eine kritische Analyse zur Fragestellung, die mir wert scheint, darüber nachzudenken:

»Von einem Neuerblindeten kann ich nicht verlangen, daß er sein Schicksal fröhlich auf sich nimmt. Fröhlich bejahen: das ist zuviel verlangt. Aktive Bejahung? Anstatt ›Bejahung‹ würde ich vielleicht ›Annahme‹ sagen. Er muß seinen Weg annehmen. Er muß zurecht kommen. Resignation muß man ihm ausreden. Aber Bejahung? Ich glaube, das verlangt nicht einmal Gott. Daß wir's annehmen – aber freudig? Fröhlich? Gewiß: Wenn einer das fertigbringt und sein Kreuz auf diese Weise auf sich nimmt, dann ist dies eine großartige Leistung. Aber diese großartige Leistung kann man nicht von jedem verlangen. Christus hat sein Kreuz ja auch nicht mit Fröhlichkeit auf sich genommen. – Wenn ich sagte, man könne sein Schicksal nicht fröhlich bejahen, heißt das freilich nicht, daß man es mehr oder weniger mit Resignation annimmt. Man kann und soll auch durchaus über manche Situation, die das Blindsein mit sich bringt, lachen können. Ich selbst bin ein fröhlicher Mensch.«

Nach dieser etwas ausführlicher zitierten grundsätzlichen Beschäftigung mit der Fragestellung als solcher nun eine Reihe von Vorschlägen zur tätigen Hilfe.

Eine an sich naheliegende Antwort wurde achtmal gegeben – eine Antwort, von der ich freilich bezweifle, ob sie für irgend jemanden eine wirkliche Hilfe sein kann: Schau auf diejenigen, denen es noch schlechter geht – auf die Taubblinden – die Körperbehinderten – die geistig Behinderten. So verständlich derartige Ermunterungen zu sein scheinen – sie beseitigen nicht die oft erheblichen Schwierigkeiten, die mit der Blindheit verbunden sind. Trotz dieser kritischen Bemerkung muß ich freilich bekennen: Ich bin immer wieder von neuem dafür dankbar, daß meine

Behinderung *nur* die Blindheit ist und nicht etwa Gehörlosigkeit oder etwa eine Querschnittslähmung.

7 Einsender betonen, man müsse dem Erblindeten – wie überhaupt jedem Behinderten – in jeder Hinsicht mit Rat und Tat beistehen, ihm jede äußere, allgemein menschliche Hilfe zuteil werden lassen, die er benötigt. Zehn weitere halten es für entscheidend, die Behinderten aus ihrer Isolierung herauszuholen und ihnen Kontakte zu vermitteln – Kontakte mit anderen Behinderten – Kontakte mit Sehenden – Kontakte schließlich mit einer Gemeinde, in die sie hineingenommen werden. Auch in diesem Fall muß ich meiner Verwunderung darüber Ausdruck geben, daß die Zahl derer, die solche Kontakte für die entscheidende Hilfe halten, derart klein war.

Immerhin zwölf Einsender betonen die Notwendigkeit einer sinnvollen Beschäftigung. Wo irgend möglich, sollte der erblindete Berufstätige ermutigt werden, in seinem bisherigen Beruf weiter zu arbeiten. Wo dies aus arbeitstechnischen Gründen nicht möglich ist, sollte er sich für einen geeigneten Beruf umschulen lassen. Auch ältere Menschen, die in einem Beruf nicht mehr tätig sein können, solle man zu einer Betätigung hinführen, die ihren Fähigkeiten und Interessen entspricht. Demnach: nicht festkleben an dem, was man verloren hat und nicht mehr zu tun in der Lage ist, sondern darüber nachdenken, was man trotz allem noch tun kann – die verbliebenen Fähigkeiten einsetzen und neue Fähigkeiten entwickeln. Auf eine kurze Formel gebracht: Es gilt, dem Erblindeten eine neue Lebensaufgabe finden zu helfen.

In 13 Antwortschreiben wird zu bedenken gegeben, es sei für einen anderen gleichwohl die beste Hilfe, ihm die Erfahrungen weiterzugeben, die man selbst auf seinem Lebensweg – mit seiner Behinderung und deren Bewältigung – gemacht habe.

In die gleiche Richtung zielen die Antworten der 17 Einsender, die vorschlagen, man solle überhaupt nicht zuviel reden, sondern dem anderen durch sein eigenes Leben und Handeln ein Beispiel geben.

»Ich möchte versuchen, es ihnen vorzuleben. Sie sollen an mir erkennen, daß man trotz allem ein fröhlicher Mensch sein kann.«

»Ich würde mich bemühen, andere Blinde spüren zu lassen, daß es sich trotz Blindheit lohnt, zu leben. Das Beispiel überzeugt da wahrscheinlich mehr, als es Worte zu tun vermöchten.«

Daß nur 3 Einsender ihr Gegenüber auf geeignete Hilfsmittel hinweisen, bzw. – wenn es sich um einen Blinden handelt – ihn zum Erlernen der Blindenschrift ermutigen, ist kaum zu begreifen. Woran mag das liegen? 12–15% aller Blinden beherrschen die Blindenschrift. Warum wird sie nur in einem einzigen Fall erwähnt? Liegt es vielleicht daran, daß man eine Umfrage, wenn sie von kirchlicher Seite durchgeführt wird, nicht mit angeblich so äußerlichen Dingen wie Blindenschrift und Hilfsmittel in Verbindung bringt?

Wirkliche, durchgreifende Hilfe kann doch aber nur so geschehen, daß neben die Seelsorge die Hilfe in eben diesen angeblich so äußerlichen Belangen tritt. Der Erblindete – das gilt für anders Behinderte ebenso – braucht Hilfe in seinen durch die Behinderung auftretenden seelischen Problemen; aber er braucht ebenso Rat und Hilfe zur Bewältigung der ganz alltäglichen Schwierigkeiten, die Blindheit – Behinderung überhaupt – so belastend werden lassen. Daß hier ein Zusammenwirken aller Kräfte – der Verbände der Blindenseelsorge sowie der Blindenselbsthilfeorganisationen – erforderlich ist, bedarf keiner Frage.

Von besonderer Wichtigkeit scheinen mir die 5 Antworten, die darauf hinweisen, wie wesentlich es ist, zuhören zu können – Zeit zu haben – auf die Probleme des anderen geduldig eingehen zu können. Ist aber nicht gerade dies unser aller Not, daß wir füreinander kaum mehr Zeit haben – und nur ein Minimum an Geduld? Ohne Zweifel ist es an der Zeit, diese »Tugenden« wieder neu einzuüben.

Daß rein menschliche Hilfe eigentlich nur Teilhilfe bedeuten könne, daß das Leben also ungleich mehr ist als Mobilität, berufliche und gesellschaftliche Rehabilitation und Integration – darauf weisen insgesamt 41 Einsender hin. Stichworte wie: ». . . ihm den Glauben bezeugen«, »... ihn auf Gott hinweisen«, »... ihm Mut machen, trotz allem zu beten« mögen diese Einsicht verdeutlichen.

»Um fröhlich – in aktiver Bejahung seiner Blindheit – seinen Weg gehen zu können, braucht der Nichtsehende den Felsengrund unter den Füßen, wie er uns im 73. Psalm bezeugt wird: ›Dennoch bleibe ich stets an dir....‹«

Ein Zitat darf ich unter keinen Umständen verschweigen, weil es uns allen mit Vehemenz so etwas wie einen Spiegel vorhält:

»Ich würde mich bemühen, sie den Herrn Christus aus der Bibel kennenlernen zu lassen, nicht durch Psychologie und manches Geschwätz in Zeitschriften über religiöse Fragen. Es gilt, die Liebe zu erkennen. Man muß frei werden, nicht zu verzagen über das, was man nicht hat (das Augenlicht etwa), sondern zu danken für das, was man hat.«

Nur zwei Einsender haben darauf hingewiesen, daß zur wirklichen Hilfe als Grundgesetz vor allem dies gehört: für ihn zu beten.

Neben dem bisher Dargestellten werden eine Fülle von Hinweisen je einmal gegeben. Die betreffenden Stichworte seien im folgenden ohne ausführliche Zitate genannt: ». . . ihm Güte und Freundlichkeit entgegenbringen« – ». . . das dunkle Gespinst der Selbstbetrachtung aufhellen« – ». . . ihm die Vorteile der Behinderung aufzeigen« (z. B. mehr Zeit) – ». . . ihm zeigen, daß er noch gebraucht wird« – ». . . ihm Mut machen, sich selbst nicht zu wichtig zu nehmen« – ». . . auf die Vorläufigkeit dieses Lebens hinweisen« – ». . . ihn ermuntern, von sich selbst abzusehen und mehr für andere da zu sein« – ». . . ihn das Positive sehen lehren«.

Nicht übersehen sollten wir – weil sie etwas außerordentlich wesentliches zum Ausdruck bringen – die 7 Antworten, die betonen, es könne ein allgemein gültiges Rezept nicht geben. Was immer man sage oder tue, um zu helfen, habe sich vor allem an dem zu orientieren, dem man helfen wolle.

». . . jeder Mensch ist eine Persönlichkeit, die entweder ein deutlich zurechthelfendes Wort oder nur ein schlichtes Zeugnis oder die Fürbitte braucht. Was im einzelnen zu tun ist, liegt an meinem Gegenüber und muß ich mir von Fall zu Fall zeigen lassen.«

Zwei Zitate mögen diesen Abschnitt und damit zugleich das ganze Kapitel über den christlichen Glauben als Lebenshilfe für blinde Menschen beschließen – das erste, weil es die Frage nach der Hilfe in einer merkwürdig psychologischen Weise zu geben versucht – das zweite Zitat, weil es gleichsam in Katalogform noch einmal eine gewisse Zusammenfassung der möglichen Hilfestellungen gibt:

»Zunächst muß man bei den Menschen herausbekommen, warum sie ihr Leben negativistisch sehen und mutlos sind. Wenn man die Problematik erkannt hat, ist es möglich, ihm praktisch zu helfen. Aus eigener Erfahrung mit anderen Behinderten muß ich sagen, daß, wenn eine negativistische und mutlose Stimmung den Blinden beherrscht, dies auf eine neurotische Aufarbeitung seiner Behinderung zurückzuführen ist. In diesen Fällen würde ich dem Behinderten raten und dringendst empfehlen, ihn dabei auch tatkräftig unterstützen, einen Psychologen oder Psychiater aufzusuchen.«

»Mut machen zur Ehrlichkeit, zum Eingeständnis aller Nöte und Fragen, ja selbst der Auflehnung. Mit dem anderen tragen. Sich nicht moralisch darüberstellen oder entsetzen, weil man meint, der andere solle schon weiter sein. Die Grenzen der Behinderung nicht überschätzen oder verdrängen. Den anderen für voll nehmen, ihm etwas zutrauen, Ehrlichkeit ihm gegenüber. Den anderen auf Gott hinweisen, aber nicht gesetzlich, sondern auf Gottes Liebe hinweisen. Viel Geduld; denn die Annahme der Blindheit ist Wachstum und nicht auf einmal da. Beten für den anderen; wenn er es will, mit ihm beten. Praktische Hilfe leisten, soweit dies möglich ist.«

IV. Die Kirche und ihre blinden Gemeindeglieder

Die Kirche ist oft Gegenstand öffentlicher und privater Diskussionen. Dabei erscheint sie meist als eine Größe, der man sich gegenüber gestellt sieht – als reiche und mächtige Organisation etwa, über die man meint, objektiv urteilen oder gar zu Gericht sitzen zu können.

Es ist nicht Aufgabe dieses Buches, zu untersuchen, was Kirche denn eigentlich sei. Soviel freilich muß – als Voraussetzung dieses Kapitels – deutlich werden: So gewiß »Kirche« einer Organisation bedarf, weil überall dort, wo wir die Dinge nicht ordnen, das Chaos unvermeidlich ist – so gewiß ist »Kirche« nicht als Größe anzusehen, der wir uns gegenüber stellen könnten als objektive Richter. Wo irgend Menschen in ihrem Leben sich auf Gott einlassen, geschieht Kirche. Denn: wo irgend Menschen sich auf Gott einlassen, da wenden sie sich auch einander zu. Kirche – das sind immer wir selbst und wir alle.

1. Grundsätzliche Überlegungen zur Frage der Integration

Wenn dies der Fall ist, dann sollte es in der Kirche keine vernachlässigten Gemeindeglieder geben.

»Kirche Jesu Christi – das ist von Anfang an eine Gemeinschaft der untereinander und voneinander verschiedenen Menschen, die aber doch durch ihre Berufung zur Herrschaft Gottes in der Liebe unwiderruflich zusammengebunden sind. Alle haben Bürgerrecht in der Gemeinde Gottes: Juden und Griechen, Arme und Reiche, Gesunde und Kranke . . .«

» . . . Chöre können nur musikalische Menschen gebrauchen – und ein schwerfälliger Mensch wird nicht unbedingt Mitglied in einem Leichtathletikclub sein wollen. Überall wird man gefragt nach den Voraussetzungen: ›Was bist du? Was kannst du? Was hast du?‹ Die Voraussetzung für die Zugehörigkeit zur Kirche Jesu Christi liegt aber außerhalb des Vermögens ihrer Glieder. Man wird nicht zuerst gefragt, ob man zu dieser Gemeinschaft etwas leisten kann, sondern ob man bereit ist, die frohe

Botschaft sich sagen zu lassen, daß wir Menschen die unvergleichliche Würde haben, von Gott geliebt zu sein. Diese Botschaft spricht unterschiedlichen Menschen zu, daß sie in der Gemeinde von Schwestern und Brüdern Jesu Christi füreinander eine so große Bedeutung haben, daß keiner auf den anderen verzichten kann und darf.[13]«

Man ist versucht, diesen Sätzen mit Skepsis zu begegnen. Schöne Worte. Die Wirklichkeit sieht anders aus. Kennt die Kirche ihre blinden Gemeindeglieder? In größeren Städten wissen die Amtsträger in vielen Fällen – begreiflicherweise? – tatsächlich nicht, wer in ihrer Gemeinde blind – oder sonst behindert – ist. Und wenn sie es wissen: ändert das etwas? Besucht die Kirche ihre blinden Gemeindeglieder?

Das weiß auch Spengler:

»Wir erschrecken heute angesichts der noch vorhandenen Defizite echter Gemeinschaft. Von Zeit zu Zeit kommt es immer wieder einmal dazu, daß sich die Bevölkerung eines Kurortes gegen Einrichtungen der Rehabilitation wehrt, weil sie fürchtet, daß ihre Gäste durch das Zusammentreffen mit behinderten Menschen beschwert werden können. Die großen Aktionen für die Sorgenkinder unseres Volkes – die öffentlichen Bemühungen um einen Platz an der Sonne –, für die wir dankbar sind, haben im Bewußtsein vieler Menschen doch eine erhebliche Schattenseite. Vor allem ist durch die Aktionen der Fürsorge und Betreuung noch nicht die letzte Trennung zwischen Behinderten und Unbehinderten aufgehoben.«

Wir sind demnach – auch in der Kirche – noch weit davon entfernt, daß die Trennungen aufgehoben werden – noch weit entfernt von einer Zusammengehörigkeit der Gemeinde, in der keiner auf den anderen verzichten will – und das bedeutet doch: in der man auch auf behinderte Gemeindeglieder nicht verzichten will.

Wir werden uns also keinen Träumen hingeben dürfen, als sei Eingliederung der blinden Christen in ihre Gemeinde schon gelungen. Der Weg dorthin scheint noch weit und beschwerlich. Das Informationsdefizit der Gemeinden und ihrer Organe ist weithin erschreckend.

Dazu ein Körperbehinderter in einem Festvortrag. Er stellte seine Ausführungen unter Verse von Clemens von Brentano:

»Wenn der lahme Weber träumt, er webe,
träumt die kranke Lerche auch, sie schwebe,
träumt die stumme Nachtigall, sie singe,
daß das Herz des Widerhalls zerspringe.
Kömmt dann Wahrheit mutternackt gelaufen,
rennt den schönen Traum sie übern Haufen.[14]«

Ich zitiere eine charakteristische Stelle des Festvortrages, weil der Verfasser die Situation, wie sie weithin unter uns herrscht, mit entwaffnender Deutlichkeit beschreibt. Er spricht von unserer Gesellschaft. Was er sagt, scheint mir für die Kirche, in der wir leben, aber in gleicher Weise zu gelten. Zu keiner Zeit ist so viel über Behinderte geschrieben und geredet worden wie in den letzten Jahren. Doch wie sieht es in Wirklichkeit aus?

»Es ist schwer, ein Wort zum Traum der Verantwortlichen aus Staat und Gesellschaft zu sagen, diesem gefährlichsten aller Träume, weil er unmerklich in das Denken und Fühlen der breiten Öffentlichkeit übergegangen ist. Dieser Traum lautet schlicht und einfach: Es wird ja soviel für Behinderte getan. Man nennt Zahlen, verweist auf Projekte, zitiert neue Gesetze und glaubt, Integration verwirklicht zu haben. ›Kömmt dann Wahrheit mutternackt gelaufen, rennt den schönen Traum sie übern Haufen.‹ Integration ist kein administrativer Akt. Integration ist eine Geisteshaltung. Wer dieser Auffassung zustimmt, wird sich hüten, Integration mit der augenblicklichen Situation in unserem Land zu verbinden. Vom kleinen Bürger bis zum großen Wirtschaftskonzern begegnen wir stets der gleichen Neigung: Geld statt Engagement – Freikauf von der eigenen Betroffenheit. Wir müssen von dem Traum erwachen, als sei die Integration etwas geifbar Nahes. Fortschritt ist nur zu erwarten, wenn wir uns bewußt sind, daß wir unserem Ziel ferner denn je stehen. Nur dann werden wir den nötigen Elan finden, noch das Ruder herum zu reißen, um von den bloßen Worten zu Taten überzugehen.«

Gegen diese Sätze könnte man freilich einwenden, Radtke sehe – bei selbst Behinderten findet man dies je und dann –, von Resignation getrieben zu schwarz. Doch selbst dann, wenn wir aus den zitierten Sätzen Resignation und Verbitterung streichen, bleibt noch deutlich genug, wie die Situation, der wir uns ausgesetzt sehen, beschaffen ist. Von der Eingliederung der Blinden in ihre

Gemeinden sind wir in der Tat noch weit genug entfernt. Die »Trennung« zwischen Behinderten und Unbehinderten, von der Spengler spricht, ist noch nicht aufgehoben.

Trotzdem hat Spengler Recht, wenn er sagt:

»Aufgehoben wird die Trennung erst, wenn die Behinderung eines Menschen ebenso wie die Nichtbehinderung als die Gelegenheiten einer Gemeinschaft angenommen wird – einer Gemeinschaft, deren Zusammenhalt durch andere Faktoren bestimmt ist: nämlich durch die Zuwendung Gottes zu allen.«

Für die Kirche sollte dies aber doch zutreffen. Sie ist doch bestimmt durch die Zuwendung Gottes zu allen Menschen. In der Kirche müßte es demnach gelingen, die Trennung zwischen Behinderten und Nichtbehinderten aufzuheben. In der christlichen Gemeinde dürften blinde Gemeindeglieder nicht abseits stehen – am Rande und vernachlässigt.

Vermutlich ist es in vielen Fällen einfach nur die Unwissenheit der Gemeinde. Entweder sie weiß nicht, wo ihre blinden Gemeindeglieder leben, oder die Gemeinde weiß wohl, wo sie leben, hat aber Hemmungen auf sie zuzugehen. Bei der Überwindung dieser Hemmungen von Seiten der Sehenden aber werden die Nichtsehenden – wie ich im ersten Kapitel darzustellen versuchte – nach Kräften mithelfen müssen. Sie gehören ja dazu. Auch die blinden Gemeindeglieder sind »die Kirche«. Auch sie sind von Gott aufgeboten, die Kirche am Leben und in Bewegung zu halten. Solange Nichtsehende nur auf die Anderen warten und enttäuscht sind, wenn diese nicht zu ihnen kommen, machen sie selbst sich leicht zu dem, was sie unter keinen Umständen sein möchten: zu Betreuungsobjekten. Deshalb war ich Spengler für die nachstehend zitierten Sätze seines Vortrags besonders dankbar:

»Die Gemeinschaft wäre auch dann noch gefährdet, wenn Behinderte lediglich Objekte der Fürsorge und Betreuung wären, obwohl auch Sorge für Behinderte schon ein großes Ziel ist. Darüber hinaus aber müssen wir uns hüten, die Kirche einzuteilen in Therapeuten und Klienten. Jeder ist auf Hilfe vom Anderen angewiesen. Aber jeder kann auch dem Anderen helfen, sein Menschsein zu bewähren und dessen Werte füreinander zu entfalten.«

Der Referent meint dann weiter, Rehabilitation sei erst dort wirklich geschehen, wo »der behinderte Mensch als Partner in der Gemeinschaft unverzichtbar wird, weil dessen Menschsein gerade in seiner Behinderung eine Gabe Gottes für die Gemeinschaft sein könnte.«

Im Blick auf die Eingliederung des Blinden in die Gemeinde – sei es nur als passives Gemeindeglied oder sei es als aktiver Mitarbeiter – gelten noch immer die Sätze, die eine Mitarbeiterin des Christlichen Blindendienstes der DDR vor Jahren während einer Arbeitstagung fomulierte:

»Immer wieder klagen Blinde, daß sie von Sehenden nicht verstanden werden. Der Sehende kann die Probleme, die mit dem Blindsein zusammenhängen, nur bis zu einem gewissen Grad erfassen. Darum ist es nicht selbstverständlich, daß der Blinde einen gleichwertigen Platz in der Gemeinde hat. Unverständnis und Mitleid begegnen ihm und stoßen ihn ab. Bevor ein Blinder Aufgaben in seiner Gemeinde übernehmen kann, muß er in ihr heimisch geworden sein. Dazu müssen auf beiden Seiten viele Hemmnisse beseitigt werden. Es muß also zuerst ein Weg gefunden werden, der zur Überwindung des Widerstandes führt.[15]«

Wer genügend Einblick in Geschichte und Gegenwart des Blindenwesens hat, weiß, wieviel Aufklärungsarbeit dazu gehört hat – seit Jahrzehnten – und noch dazu gehören wird, um den Weg dafür freizumachen, daß Blinde gleichwertige Gemeindeglieder sein können.

2. Blinde in der Beziehung zu ihrer Gemeinde

Ende 1977 habe ich in Zeitschriften und Rundbriefen im Bereich der Evangelischen Blindenseelsorge eine Reihe von Fragen veröffentlicht, in der Hoffnung, ein zutreffendes Bild über das Maß der Eingliederung Blinder in ihre Gemeinden zu erhalten. 7–8000 Blinde müßten – theoretisch – die Fragen gelesen haben. Geantwortet haben 257. Schon dieses Zahlenverhältnis legt die Vermutung nahe, daß das Bild, das sich aus den Antworten ergibt, aufs Ganze gesehen nicht der Wirklichkeit entspricht. Betrachtet man die eingegangenen Äußerungen kritisch, dann hat es – bezüglich der Fragen um Gottesdienst, Abendmahlsfeier und Gemeindekreise jedenfalls – den Anschein, als hätten im wesentlichen diejenigen geantwortet, die nichts zu klagen haben. 205 Einsender können ohne Schwierigkeit am Gottesdienst teilnehmen, so oft sie dies wünschen. In der Regel werden sie von Angehörigen oder von Gemeindegliedern begleitet, die sie daraufhin angesprochen haben. Nur 15 konnten mitteilen, der Pfarrer habe ihnen auf ihre Bitte hin jemanden als Begleitperson geschickt.

An der Abendmahlsfeier der Gemeinde nehmen mehr oder weniger regelmäßig 200 der Beantworter teil. 14 geben audrücklich an, diesbezüglich erhebliche Schwierigkeiten zu haben.

176 nehmen an sonstigen Gemeindeveranstaltungen bzw. an regelmäßigen Gemeindeveranstaltungen bzw. an regelmäßigen Gemeindekreisen teil. 145 von ihnen fühlen sich in diesen Kreisen durchaus angenommen und heimisch. Alle übrigen fühlen sich fremd und als Außenseiter behandelt.

Diese Zahlen vermitteln den Anschein, als sei alles in Ordnung. Aber man kann die aufgeführten Ergebnisse nur mit Zurückhaltung betrachten, zumal, wenn man aus zahllosen persönlichen Gesprächen auch die Kehrseite kennt. Erfahrungsgemäß haben viele blinde Christen den Wunsch, Gottesdienste, Abendmahlsfeiern und sonstige Gemeindeveranstaltungen zu besuchen, sind dazu aber oft nicht in der Lage, weil sich niemand findet, der sie begleitet. Möglicherweise haben die weitaus meisten auch darum meine Fragen nicht beantwortet, weil sie niemanden zur Verfügung hatten, der sie ihnen vorlas und die Antworten für sie niederschrieb.

Ein äußerst negatives Bild ergibt sich, wenn man fragt, ob und wie oft der Blinde von seinem Pfarrer oder in dessen Auftrag besucht wird. Lediglich 62 von denen, die diese Frage beantworteten, konnten solche Besuche registrieren. Das sind rd. 24 %. Dabei variiert die Häufigkeit von wöchentlich bis jährlich einmal. 82 Einsender betonten ausdrücklich: mich besucht nie jemand von der Kirche.

Drei Briefauszüge mögen diese nüchternen Zahlen ein wenig mit Leben füllen:

»Ich bin nicht nur sehbehindert, sondern habe eine MS, die mir jeden Gottesdienstbesuch in der Kirche unmöglich macht. Der neue Pfarrer bringt mir jede Woche seine auf Cassettenrecorder aufgenommene Predigt mit Liturgie. Das freut mich ungeheuer. Dieser Pfarrer besucht mich wiederholt, während der vorhergehende mich jährlich einmal oder überhaupt nicht besuchte – auch keine Gemeindeglieder. Ich bin alleinstehend.«

»Meine Schwägerin ist aufgrund ihrer schweren körperlichen Schwäche nicht in der Lage, sich am gesellschaftlichen Leben zu beteiligen. Es ist nicht nur ihre Blindheit. Diabetes, schwere Rückenoperation und andere organische Krankheiten belasten sie schwer. Aus kirchlichen und Hauskreisen fühlt sie sich jedoch nicht ausgeschlossen. Zu besonderen kirchlichen Anlässen und Feiertagen ›wird sie nicht vergessen‹.«

»L. ist nicht sehr groß; und da kennt einer den anderen. Unser schweres Los ist allen bekannt – auch der Kirche. Von Menschen fühlt sich mein Mann verlassen – nur von unserem lieben Herrgott nicht. Und das tröstet über viele schwere Stunden hinweg. Mein Mann ist blind und fast gelähmt. Er ist an den Rollstuhl gebunden. Er kann sehr schlecht sitzen und liegt fast immer. Wenn wir beide nicht einen so starken Glauben an unseren Herrn Jesus hätten, würden wir beide es nicht schaffen. Im Juni haben wir einen neuen Pfarrer bekommen. Wir wollen hoffen, daß er sich etwas mehr um Behinderte kümmert als die beiden vorher. Es soll keine Anklage sein; aber ich bin über vieles sehr traurig, wenn man die Gleichgültigkeit der Menschen sieht.«

3. Blinde als aktive Mitarbeiter der Gemeinde

In meiner Umfrage hatte ich nicht nur um Auskünfte über Möglichkeiten des Gottesdienstbesuchs u. ä. gebeten. Ich hatte ebenso nach der aktiven Mitarbeit blinder Christen in der Gemeinde gefragt.

Freilich: wer in der Kirche nicht nur passiv konsumieren, sondern sich auch aktiv engagieren will, wer in den Fragen des Glaubens und christlichen Lebens, in den Fragen von kirchlicher Organisation und Gottesdienstformen mitzuentscheiden gedenkt, muß informiert sein. Daß Blinde in dieser Hinsicht auf einige Schwierigkeiten stoßen, wurde bereits wiederholt festgestellt. Will sich ein Nichtsehender informieren, so braucht er Hilfe – sei es, daß ihm jemand vorliest (z. B. das Vorbereitungsmaterial für den Kindergottesdienst oder sonstige Gemeindekreise) – oder sei es, daß jemand ihn zu entsprechenden Seminaren begleitet. Eine große Hilfe auf dem Weg zu solcher Information – das sei auch an dieser Stelle noch einmal betont – ist heute die Einrichtung der Blindenhörbücherei mit ihren vielfältigen Möglichkeiten, das Informationsdefizit abzubauen, dem blinde Menschen – auch blinde Christen in der Kirche – notwendigerweise unterworfen sind.

So sind es denn auch nicht wenige Blinde, die – auf diese Weise informiert – aktiv in der Gemeinde mitarbeiten. Sie haben sich der Herausforderung gestellt, die von der Kirche an sie erging, und sind bereit, ihre Gaben in den Dienst der Gemeinde einzubringen.

Da ist beispielsweise die Schar der Kinder im Kindergottesdienst. Es gibt eine nicht zu unterschätzende Zahl von Blinden, die mit Freude und Geschick im Kindergottesdienst der Gemeinde mitarbeiten. In der erwähnten Umfrage haben zwar nur neun mitgeteilt, daß sie diesen Dienst tun. Aus zahlreichen persönlichen Kontakten und entsprechenden Seminaren weiß ich jedoch, daß die Zahl blinder Kindergottesdiensthelfer in Wirklichkeit sehr viel höher ist. Es sei aber nicht verschwiegen, daß diese Zahl im Abnehmen begriffen ist. Der Grund dafür ist nicht in mangelnder Bereitschaft Blinder zu solchem Dienst zu suchen, sondern größtenteils in der gewandelten Form, in der Kindergottesdienst heute weithin erteilt wird (basteln, malen, spielen u. dgl.). In der Anwendung dieser modernen Methoden sind Blinde weitgehend benachteiligt und geben auf. Man wird die Gemeindepfarrer – oder wer immer sonst den Kindergottesdienst leitet – ermutigen müssen, ihren Kindergottesdienst so zu gestalten, daß auch blinde Kindergottesdiensthelfer wieder in der Lage sind, mitzuarbeiten. Es wird einiges an Phantasie erforderlich sein. Aber die Anstrengung des Nachdenkens sollte sich wohl lohnen. Und es gilt ja auch noch heute, daß der Glaube in erster Linie aus dem Hören des verkündigten – bzw. erzählten – Evangeliums kommt.

12 Blinde haben mitgeteilt, daß sie in Gemeindekreisen (Männer-, Frauen- und Jugendkreisen) aktiv – zum Teil in leitender

Funktion – tätig sind. Auch in diesem Fall dürfte die wirkliche Zahl um einiges höher liegen.

In den meisten Gemeinden gibt es Kirchen- und Posaunenchöre. Auch in ihnen singen und musizieren Blinde mit. Nur 22 von ihnen haben mir geschrieben. Wiederum aus persönlichen Kontakten weiß ich, daß die wirkliche Zahl ein Mehrfaches davon beträgt.

5 Einsender haben sich als Chorleiter und 8 als Organisten bekannt. Wie in allen Fällen, so sind auch hier die wirklichen Zahlen höher.

12 Blinde haben mitgeteilt, daß sie aktiv in Kirchenvorständen (Kirchgemeinderäten, Presbyterien) tätig sind. Ob diese Zahl den Sachverhalt richtig wiedergibt, konnte ich nicht nachprüfen.

10 weitere blinde Christen sind in ihren Gemeinden als Lektoren oder Prädikanten bzw. im Besuchsdienst tätig. Auch in diesem Fall fehlt mir die Möglichkeit der Überprüfung.

Nicht berücksichtigt sind in der genannten Umfrage die hauptamtlich im kirchlichen Dienst stehenden blinden Theologen. Es handelt sich hier (die im Ruhestand befindlichen eingeschlossen) um rd. 30.

Viele Nichtsehende mögen einwenden, für solche, gleichsam öffentlichen Dienste seien sie nicht geeignet. Ohne Zweifel hat nicht jeder jede Gabe. Die Gabe aber, die uns gegeben ist, sollten wir nicht brach liegen lassen. Gaben sind dazu verliehen, daß wir sie für andere nutzbar machen. Und wer da meint, überhaupt nicht »begabt« zu sein, ist doch immer zu dem Dienst gerufen, dem sich kein Christ entziehen darf. Was sollte in einer christlichen Gemeinde je geschehen können, wenn es nicht von einer Schar von Betern getragen wäre?!

4. Erfahrungen und Berichte

Zahlen sind sicher interessant. Aber sie sagen nicht alles aus – nicht einmal das Wesentliche. Darum seien die genannten Zahlen auch bezüglich der Mitarbeit Blinder in der Gemeinde wieder durch eine Reihe von Briefauszügen ergänzt. In diesem Fall sind sie den Ergebnissen einer Umfrage entnommen, die bereits im Jahr 1972 durchgeführt wurde. Das dort berichtete wird jedoch auch heute noch zutreffen.

Zunächst zu den Tätigkeiten selbst. Bei einer Blinden fing es damit an, daß sie je und dann auf dem Harmonium im Kindergottesdienst die Lieder begleiten mußte. Dann gab es Schwierigkeiten mit Helfern, und sie wurde zur Mitarbeit herangezogen. So entdeckte man ihre Fähigkeiten und setzte sie auch in der Frauenhilfe ein. Schließlich übernahm sie die Leitung eines Kreises, der nach dem Krieg ehemalige Mitglieder eines Jugendkreises sammelte. Sie hielt Andachten und gestaltete Programme. In ihrem damaligen Brief lesen wir:

»Sie wissen, daß ich nur einfache Handwerkerin bin. Aber ich bitte um Hilfe, und noch nie bat ich vergebens. Ich spüre, wie die Frauen mitgehen und wie sie begreifen, welche Botschaft ich ihnen bringen möchte.«

Ein Brief verdient besondere Beachtung, weil er einen Blinden vorstellt, der kaum mehr an Zeit und Kraft investieren kann, als er bereits investiert. Er gibt zunächst nur Stichpunkte:

»Kirchgemeinderat seit 1953 – Laienvertreter in der Bezirkssynode seit 15 Jahren – Beirat der Volksmission der Evang. Landeskirche seit etwa 1 Jahr – Kindergottesdiensthelfer seit 1951 – Kirchenchor seit 1952 – Besuchsdienst bei Blinden im Krankenhaus für Nervenkranke – zeitweise Besuchsdienst in der Gemeinde – gelegentlich Mithilfe im Männerwerk – ebenso Mithilfe im Hausbibelkreis – seelsorgerliche Dienste, wenn sie benötigt werden – Mitarbeit in dem Kreis, der die jährliche Allianzbibelwoche vorbereitet und trägt.« (u. einen Beruf, der ihn voll in Anspruch nimmt, hat der Briefschreiber auch).

Damit ist zugleich eine bunte Palette der Tätigkeiten vor uns ausgebreitet, die für einen Blinden in seiner Gemeinde und darüber hinaus möglich sind. Bei einiger Phantasie läßt sich diese Reihe wohl noch ergänzen.

Ich hatte damals aber nicht nur nach den Tätigkeiten an sich gefragt, sondern ebenso nach den Erfahrungen, die die einzelnen sowohl in negativer als auch in positiver Hinsicht machen. Solche

Erfahrungen reichen von nur negativ über eine ganze Reihe von Zwischenstufen bis hin zu nur positiv. Dabei scheint es so zu sein, als lägen die negativen bzw. positiven Erfahrungen des Nichtsehenden nicht nur am Verhalten der Sehenden in der Gemeinde, sondern ebenso an ihnen selbst. Eine Schreiberin, die zwar Hilfe erfährt, wo immer sie in ihrer Mitarbeit Hilfe benötigt (leider war dies nicht immer so), fügt hinzu:

»Wirklich gute Kontakte habe ich kaum. Zum Teil mag das an mir selbst liegen, da ich von Natur aus gehemmt bin und schlecht auf andere zugehen kann.«

Die kontaktfreudigeren Blinden, die mit inneren Hemmungen nicht vorbelastet sind, haben es leichter.

»Zu unserer Kirchengemeinde hier habe ich nicht sehr viel Kontakt. Das liegt vielleicht an der weniger konservativen Art, die mir in meiner früheren Umgebung so vertraut war. Und es liegt vielleicht auch daran, daß es nicht leicht ist, mit den Menschen hier Kontakt zu finden.«

Damit begegnet uns wieder die ewig offene Frage, die schon ausführlich behandelt worden ist – die Frage, an wem es liegt, wenn Blinde mit ihrer Umgebung nicht zurechtkommen. Liegt es an den anderen, die kein Verständnis zeigen? Oder liegt es am Nichtsehenden selbst, weil er möglicherweise zuviel fordert oder sich selbst zu wenig zutraut? Vermutlich haben beide Recht: diejenigen, die von ihren eigenen Kontaktschwierigkeiten berichten, und diejenigen, die die Kontaktschwäche ihrer Umgebung ins Feld führen. Es wird daher auch künftig beides notwendig sein: Die intensive Aufklärung der Sehenden über die Probleme der Blinden und die intensive Aufklärung der Blinden darüber, wo es an ihnen selbst liegen könnte, wenn die gewünschten Kontakte nicht zustande kommen. Wenn ein Blinder in seinem Bericht beispielsweise ein endloses Klagelied darüber singt, wie schwierig es sei, mit seinem Pfarrer auszukommen, obwohl er doch seit Jahren im Kirchenvorstand mitarbeite, dann könnte ich mir – wenn ich den Gesamttenor seines Briefes bedenke – durchaus vorstellen, daß die Schwierigkeiten keineswegs nur jenem Pfarrer anzulasten sind.

Gottlob gibt es auch sehr viel positivere Erfahrungen – beginnend mit einem Zitat, das ich deshalb nicht auslassen möchte, weil es in gewisser Weise die Hilflosigkeit zum Ausdruck bringt, mit der viele Sehende Blinden gegenüberstehen:

»In den ersten Jahren meiner Mitarbeit hatten wir einen älteren Pfarrer. Er stand mir wohlwollend gegenüber, begnügte sich allerdings im wesentlichen damit, mir gelegentlich übers Haar zu streichen und mich wiederholt zu fragen, ob ich denn gar nichts mehr sehen könne.«

Sie hatte dann freilich Vikare und Gemeindeglieder zur Verfügung, die ihr die benötigte Hilfe zuteil werden ließen.

Jener oben zitierte, vielbeschäftigte Blinde schreibt:

»Bis jetzt möchte ich keine Tätigkeit an sich als für einen Blinden unmöglich oder unzumutbar ansehen. Nur gerät man manchmal in Konflikte, weil sich nicht immer alles nebeneinander mit Familie und Beruf in Einklang bringen läßt. Manchmal hatte ich den Eindruck, als erwarte man von mir in allen diesen Bereichen die gleichen Leistungen wie von einem Sehenden. Natürlich nur in der Hitze des Gefechtes, wie etwa im Chor, wo man sich manchmal eben gebremst fühlt, wenn so ein Blinder nicht einfach die Noten vom Blatt singen oder nicht sofort die Stimme nachsingen kann, wenn man sie ihm einmal vorgetönt hat. Das geschieht aber nicht aus Rücksichtslosigkeit, sondern eben deswegen, weil man nicht immer das Bewußtsein hat, daß hier ein Blinder mit in der Gruppe steht. Und das ist doch eigentlich sehr schön.«

Vielleicht ist dies in der Tat der Idealfall, daß der Blinde in seinem Mittun in der Gemeinde am Ende überhaupt nicht mehr als solcher auffällt. Seine Mitarbeit ist derart selbstverständlich geworden und so unkompliziert wie die Mitarbeit jedes anderen Gemeindegliedes. Ob dies gelingt – sicher müssen und dürfen wir auch mit weniger zufrieden sein –, wird immer an beiden Seiten liegen: am blinden Christen, der nicht kommt, um zu fordern, sondern um zu geben, was er hat, und an der Gemeinde, die genügend über Blinde weiß oder doch bereit ist, zu lernen.

5. Schlußbemerkung

Nach allem Gesagten ist die Frage nach der Kirche und ihren blinden Gemeindegliedern nie nur von der Seite der Kirche her zu bedenken, sondern immer auch von seiten der Blinden selbst. Auch sie sind die Kirche. Sie sollten daher unter keinen Umständen darauf warten, bis sie von der Gemeinde aufgesucht und betreut werden, sondern sollten selbst die Initiative in der Gemeinde ergreifen. Spengler hat mit Sicherheit Recht, wenn er in seinem erwähnten Festvortrag sagt:

»Was kann in der Kirche Neues wachsen, wenn wir uns von Gottes Verheißung neugierig machen lassen für die Gaben, die Gott Behinderten und Nichtbehinderten füreinander gegeben hat!«

Auf das Wort »füreinander« gilt es zu achten. Blinde Christen sollten Selbstwertgefühl genug besitzen, zu begreifen, daß nicht nur die Anderen ihre Gaben haben, damit ihnen zu dienen, auch sie selbst haben von Gott Gaben empfangen. Gaben aber bedeuten immer zugleich Aufgaben.

Ein letztes Zitat aus dem Vortrag Spenglers sei mir gestattet – und auch dieser Satz ist von besonderer Wichtigkeit:

»Wir werden eine Sprache finden müssen, die nicht verletzt, sondern versteht. Sie kann nur auf dem Boden einer gegenseitigen Information übereinander gedeihen.«

Wie wir in der Gemeinde miteinander umgehen – Sehende mit Blinden und Blinde mit Sehenden –, das ist das Entscheidende. Wer ständig nur die Gemeinde anklagt, weil sie sich angeblich nicht um ihn kümmert, der wird zum Bau der Kirche Jesu Christi den denkbar schlechtesten Dienst leisten. Nicht nur die Kirche muß Schritte auf ihre blinden Gemeindeglieder zu tun. Auch die nichtsehenden Gemeindeglieder selbst haben Schritte zu tun, um ihre Gaben einzubringen in den großen Chor derer, die in der Gemeinde den Herrn der Kirche loben.

V. ... der geht getrost den dunklen Pfad. – Erlebnisse, die mir zu denken geben

Es sei mir gestattet, an dieser Stelle ein Kapitel mit gleichsam biografischen Elementen einzufügen. Die kleinen Szenen aus meinem Leben und meiner Arbeit scheinen mir charakteristisch genug, um an ihnen einige wesentliche Gesichtspunkte über den Umgang zwischen Blinden und Sehenden ablesen zu können.

Die Überschrift zu diesem Kapitel entnehme ich einem Gedicht von Heinz Berner, Kriegsblinder des 2. Weltkrieges, von 1955 bis zu seinem Tode 1966 Leiter des Christlichen Blindendienstes e.V.:

> Wen deine starken Hände fassen,
> der geht getrost den dunklen Pfad,
> wird deiner Güte überlassen,
> was sie mit ihm im Sinne hat.
>
> Wen deine starken Hände hüllen,
> der ist geborgen wie ein Kind.
> Das Leben wird sich ihm erfüllen,
> weil jeder Tag mit dir beginnt.[1]

Der »dunkle Pfad«, von dem der Verfasser dieser Zeilen spricht, ist seine Blindheit. Viele haben diesen dunklen Pfad zu gehen – und für viele ist dies ein täglich neues Abenteuer. Wie finden sie sich auf einem solchen Weg zurecht – verbittert – oder doch eben auch getrost?

Ich würde mich freuen, wenn die in diesem Kapitel geschilderten Erlebnisse und die an sie angeknüpften Gedanken dem einen oder anderen Leser Mut machen könnten, seinen dunklen Pfad getrost zu gehen. Dabei sollten wir freilich nicht übersehen, daß vor dem getrosten Gehen in dem zitierten Gedicht eine Zeile steht, auf die alles ankommt: »Wen deine starken Hände fassen...«. Das ist ein Gebet – und ohne dieses vertrauensvolle Aufschauen müßte wohl vieles von dem, was uns in unserem Leben begegnet,

Bitterkeit hervorrufen. Ich bin allerdings davon überzeugt, daß dies in Geltung bleibt: »Wen deine starken Hände fassen, der geht getrost den dunklen Pfad.«

Diese Vorbemerkungen schienen mir notwendig, damit das, was in diesem Kapitel zu berichten und zu bedenken ist, von vornherein im richtigen Rahmen erscheint.

1. Er sieht's ja nicht

Im Garten hinter meinem Elternhaus stand in meinen Kinderjahren ein mächtiger Birnbaum. Jedesmal im Herbst war es für uns Kinder ein Fest, unter dem weitausladenden Dach des Baumes zu spielen und uns mit den saftigen Birnen gleichsam vollzustopfen. Es muß während meines ersten Schuljahres gewesen sein – ich besuchte trotz starker Sehbehinderung die Volksschule meines Heimatortes – daß auch unser Lehrer eine Kostprobe vom reichen Erntesegen des Birnbaums erbat. Meine Schulkameraden halfen mir beim Einsammeln. Indessen – Kinder sind manchmal so – sie lasen mir lauter faule Birnen in die Tasche und ich übergab sie stolz meinem Lehrer. Ich weiß nicht mehr, wie lange und wie oft mir dieser Lehrer die faulen Birnen vorgehalten hat – im Scherz freilich – aber ich erinnere mich daran, wie sehr ich mich schämte und wie solche Scherze das Kind noch mehr verunsicherten.

Das war eigentlich die erste bewußte Begegnung mit meiner Sehbehinderung. Sie ist mir, wie gesagt, deutlich in Erinnerung geblieben. Und ich habe im späteren Leben in meinem großen Bekanntenkreis oft ähnliche Erlebnisse berichten hören. Wie vielerlei wird mit diesem ausgesprochenen oder viel öfter noch unausgesprochenen »Er sieht's ja nicht« doch leichtfertig in Szene gesetzt. Wie schnell ist im Bekleidungsgeschäft der blinden Frau ein Ladenhüter »aufgedreht«. Und wie schnell ist dem blinden Vater etwas verheimlicht – oder gar bewußt falsch berichtet –, was das Verhalten des Kindes betrifft. Er sieht's ja nicht.

Wie reagiert der blinde Mensch, wenn ihm etwas Derartiges geschieht? Wie ich als Kind damals reagiert habe, als mir die faulen

Birnen untergeschoben wurden, weiß ich nicht mehr – möglicherweise mit Tränen. Wie ich heute reagieren würde, wenn ich meiner Blindheit wegen hintergangen würde, weiß ich wohl. Ungehalten – manchmal zornig – würde ich reagieren; oder ich würde resignieren. Ich bin ja blind. Mit mir kann man solche Dinge ja veranstalten. Es ist eben nicht einfach, blind zu sein und zu erfahren, wie andere diesen Zustand schamlos ausnutzen.

Ich weiß freilich auch, wie ich in solchen Fällen reagieren müßte. Gelassen müßte ich etwas Derartiges hinnehmen können. Darüber lächeln müßte ich können – und denken: Er weiß es nicht anders. Laß ihn nur. Es tut ihm offenbar gut, und mir tut es nicht weh. So sollte ich reagieren können. Und manchmal gelingt es ja auch. Aber man ist nicht immer gleich »aufgelegt«. Manchmal ist einer angespannt und müde. Dann hat er nicht die Kraft, gelassen zu bleiben.

Wir werden in unseren Gebeten Gott um mehr Humor bitten müssen, um mehr Gelassenheit, um mehr Verständnis für diejenigen, die für die äußere Lage und die innere Verfassung eines Nichtsehenden oft kein Verständnis haben. Auf diese Weise sollte es wohl möglich sein, »seinen Pfad« getrost zu gehen.

2. Was man meiner Mutter sagte

Etwas überaus Hilfreiches sagte man ihr – und etwas geradezu Bösartiges.

Als es sich in meiner frühesten Kindheit herausstellte, daß ich sehbehindert war – damals hatte ich noch einen verwertbaren Sehrest –, gab jemand meiner Mutter den Rat, sie solle mich erziehen, wie sie ein vollsehendendes Kind auch erziehen würde – solle mich in keinem Fall spüren lassen, daß ich anders sei. Ob ihr die Befolgung dieses Rates leicht geworden ist, vermag ich nicht zu sagen; ich nehme jedoch an, sie hat instinktiv richtig gehandelt, ohne viel darüber nachzudenken. Ich bin in einer kleinen Landwirtschaft aufgewachsen und wurde von Kind an mit allem befaßt, was in einem solchen Betrieb an Arbeit anfällt – auf der Wiese, auf dem

Kartoffelfeld, in Scheune und Stall. Ich hatte meine täglichen Pflichten, die mir niemand abnahm und die ich pünktlich zu erfüllen hatte. Auf diese Weise ist mir das bedauernswerte Schicksal derer erspart geblieben, denen ich auf meinen Reisen immer wieder begegne: Sie sitzen teilnahmslos herum, wagen keinen Schritt allein zu gehen, legen in Haus und Hof und Garten nicht Hand an – einen Beruf können sie meist nicht ausüben – Opfer einer falschen, zu rücksichtsvollen Erziehung.

Dies war das eine – überaus Hilfreiche. Das andere aber, das man meiner Mutter sagte, war bösartig und niederschmetternd. Es geschah auf dem Landratsamt, als meine Umschulung von der dörflichen Volksschule in die Deutsche Blindenstudienanstalt vorbereitet wurde. Damals nahm es sich einer jener Beamten des »Dritten Reiches« heraus, meiner Mutter ins Gesicht zu sagen, Deutschland könne keine unnützen Brotesser gebrauchen.

Mütter behinderter Kinder müssen sich wohl vieles sagen lassen – Gutes und Böses. Ob sie es gelassen hinnehmen – oder unter Tränen – auch dies wird von den verschiedensten Faktoren abhängen.

Das Leben Behinderter aber – Blinder auch – wird sich immer in diesem Spannungsfeld bewegen. Auf der einen Seite sind viele in ihrer Umgebung durchaus anerkannte und geachtete Glieder der Gesellschaft. Sie haben ihre Freunde, haben – soweit sie noch jünger sind – ihren Beruf und fühlen sich keineswegs als Außenseiter. Bei einer ganzen Reihe Blinder fällt es – im Umgang mit anderen – schon kaum noch auf, daß sie behindert sind. Auf der anderen Seite freilich ist es weithin noch immer so, daß man Behinderte zur Randgruppe stempelt. Über Behinderte wurde zu keiner Zeit derart viel geredet und geschrieben wie heute. Die Organisationen, die sich mit Problemen Behinderter befassen, sind kaum noch zu zählen. Vieles im sozialen Bereich konnte in guter Weise geregelt werden. Trotzdem sind Behinderte noch immer Randgruppen der Gesellschaft – und werden es wohl auch auf lange Sicht bleiben. Wie oft habe ich klagen hören: »Als ich erblindete, machten meine früheren Freunde einen Bogen um mich«; sie hätten ohne weiteres hinzufügen können: »...als ob ich eine ansteckende Krankheit hätte.« Das hängt fraglos mit der Tatsache zusammen, daß Jugend und Gesundheit so etwas wie die Götter unserer Zeit zu sein scheinen. In diesem Bild muß Behinderung jeglicher Art störend wirken.

Wir werden es lernen müssen, in diesem ständigen Spannungsfeld zwischen Anerkennung und Ablehnung zu leben. Es ist nur zu verständlich, daß alle Welt darauf aus ist, auf der Sonnenseite des Lebens dahinzustürmen. Aber auch – als selbst Nichtsehender darf ich es mir erlauben, dies hinzuzufügen – die sogenannte Schattenseite des Lebens kann ihre Schönheiten und Segnungen haben. Dies zu glauben, daß Gott nur dort zu fassen sei, wo im Leben »die Sonne scheint«, sollten wir uns sobald wie möglich abgewöhnen. »Seine starken Hände« strecken sich gerade auch dorthin aus, wo die Schatten länger werden – wo wir an der Spannung zwischen Anerkennung und Ablehnung manchmal schier zerbrechen könnten. Wer in diesem Spannungsfeld »seinen Pfad« getrost geht, wird auf der einen Seite nicht an der Ablehnung durch seine Umwelt zerbrechen – er wird auf der anderen Seite aber auch nicht hochmütig werden, wenn er als anerkanntes und geachtetes Glied der Gesellschaft trotz seiner Behinderung »seinen Mann steht«. Die Spannung zwischen Anerkennung und Ablehnung auszuhalten, ohne weder an der Anerkennung noch an der Ablehnung Schaden zu nehmen: Das sollte wohl eine der Aufgaben sein, die behinderten Menschen gestellt sind. Daß dies auch für Nichtsehende in der Regel nicht leicht ist, bedarf keiner Frage. Das Motto dieses Kapitels bleibt in Geltung: »Wen deine starken Hände fassen, der geht getrost den dunklen Pfad.«

3. Hilfe, unser neuer Pfarrer ist blind!

Als wir – meine Frau und ich – am 8. Mai 1956 mit dem Tandem über die Landstraßen des Kreises M. fuhren, die kleine Gemeinde B. vor uns, ahnten wir noch nicht, was mittlerweile hinter den Türen dieser Gemeinde von Mund zu Mund und von Ohr zu Ohr ging. Der Möbelwagen war vorausgefahren. Wir waren mit Bahn und Tandem gefolgt. Für elf Jahre sollte dieser kleine Ort nun unsere Heimat werden. Was wir auf unserer schönen Radtour durch den eben erwachenden Frühling noch nicht wußten, wurde uns bald von bereitwilligen Gemeindegliedern zugeflüstert. Ein halbes Jahr ist die Pfarrstelle unbesetzt gewesen. Schon dies war ein Unglück. Aber »ein Unglück kommt selten allein«, sagt der Volksmund. Nun ist der neue Pfarrer auch noch blind! Wie ist das überhaupt möglich? Wie will er unsere Kinder unterrichten, wie unsere Toten beerdigen? Wenn er predigt, muß seine Frau wohl mit auf die Kanzel und ihm alles vorsagen!

Am Pfingstsonntag hielt ich den ersten Gottesdienst – einen Abendmahlsgottesdienst. Dort in der Gemeinde war es üblich, daß der Pfarrer den Wein mit zwei Kelchen gleichzeitig an zwei Gemeindeglieder reichte. Zugegeben: Ich hielt diesen Gottesdienst mit einiger Beklemmung. Die Kirche war bis auf den letzten Platz besetzt. Neugier? Immerhin – sie hörten die Predigt und empfingen das Abendmahl – von einem blinden Pfarrer. Ich hoffe, sie waren schon nach diesem ersten Gottesdienst davon überzeugt, daß ein Blinder manchmal mehr zu tun vermag, als man ihm zutrauen möchte.

Man begegnet uns Blinden oft in dieser Weise – man ist hilflos. Mit einem blinden Menschen weiß man nichts anzufangen. Manchmal meidet man darum den Umgang mit ihm. Dies wäre demnach nicht als Bosheit zu verstehen. In der Tat ist es oft genug Unwissenheit: Wie soll ich mich diesem blinden Menschen gegenüber verhalten? Er kann mich nicht ansehen, wenn ich mit ihm rede. Das stört mich. Und überhaupt: Worüber soll ich mit ihm reden? Er kann doch nichts lesen. Was kann er schließlich wissen?

Unwissenheit: gegen sie gibt es ein sicheres Heilmittel. Es heißt: Information. Es geht also schlicht darum, daß wir den Menschen unserer Umgebung sagen, wie es sich mit uns verhält: was wir allein tun können – wobei sie uns helfen müssen. Ich habe es eigentlich immer erlebt, wenn ich mit Menschen zusammenkam, die über Blinde so gut wie nichts wußten, einem Blinden auch nie begegnet waren: Ich fand stets großes Interesse, wenn ich über Blinde und das Blindenwesen berichtete.

Blinde können sich mit Sicherheit viele Unannehmlichkeiten dadurch ersparen, daß sie ihr jeweiliges Gegenüber ganz ungezwungen darüber unterrichten, wie »normal« sich der Umgang mit ihnen gestalten kann. Offenheit und vielseitiges Interesse auf seiten des Blinden ist dafür freilich eine unerläßliche Voraussetzung.

Auf diese Weise brauchte der Nichtsehende mit der Zeit nicht mehr zornig aufzubegehren, wenn jemand ihm zunächst abwartend oder gar mißtrauisch begegnet. Einem Menschen, der nie vorher mit Blinden zu tun hatte, ist es nicht zu verargen, daß er Hemmungen hat. Ob diese Hemmungen – vielleicht gar Mißtrauen – zu überwinden sind, hängt weitgehend vom Verhalten des Blinden selbst ab. In vielen Fällen ist es geschehen, daß aus scheinbar ganz zufälligen Begegnungen zwischen Blinden und Sehenden dauerhafte Freundschaften entstanden sind. Der Nichtsehende verscherzt sich solche Möglichkeiten immer dann, wenn er alle Schuld für Mißverständnisse und Kontaktschwierigkeiten allein den Sehenden anlastet, die es angeblich nicht verstehen, mit Blinden umzugehen oder gar böswillig jeden Kontakt mit Behinderten ablehnen. Vermutlich gibt es auch dies – aber es ist wohl kaum die Regel. Wir sollten die Chance nutzen, Freunde zu gewinnen. Sie bietet sich uns weit öfter, als wir vermuten.

4. Ein Blinder saß am Weg und bettelte

Mit der Frauenhilfe unserer Gemeinde veranstalteten wir jährlich einmal einen Tagesausflug. In einem Jahr besuchten wir unter anderem den Flughafen in Frankfurt am Main. Die Eintrittskarten hatte ich für alle gemeinsam gelöst. Auf einer Bank am Weg sitzend, sammelten wir später das Geld ein – zwei oder drei Groschen von jedem. Plötzlich landete – von einem Vorübergehenden geworfen – im Schoß meiner Frau eine größere Münze. Offenbar hatte er mich für einen blinden Bettler gehalten, und seine Mildtätigkeit trieb ihn zur Tat. Unsere Verblüffung mündete schließlich in ein herzhaftes Lachen.

Wenn ich heute an diese kleine Begebenheit zurückdenke, dann erinnert sie mich daran, wie unvergleichlich besser es uns doch eigentlich geht, als es Behinderten vergangener Zeiten ging. Wer das Neue Testament aufschlägt, dem begegnen an vielen Stellen Blinde, die am Wegrand sitzen und betteln. Das ist nicht nur zur Zeit Jesu so gewesen – und nicht nur im vorderen Orient. Das Bild des blinden Bettlers ist auch heute noch für viele Teile Afrikas und Asiens charakteristisch. Manchmal begegnet man ihnen sogar auf den Straßen unserer Städte. Da sitzt beispielsweise ein Blinder mit seinem Akkordeon vor einem Kaufhaus und spielt – mehr schlecht als recht – seine Lieder und kassiert dafür seine Groschen. Wenn ich ihn dort spielen und kassieren höre, berührt es mich jedesmal peinlich, und ich frage mich, ob er es wirklich nötig hat. Denn die Blindenverbände haben in den verflossenen Jahrzehnten dafür gesorgt, daß der Gesetzgeber weitgehende soziale und berufliche Sicherheiten für Blinde geschaffen hat. Wir haben allen Grund, dafür dankbar zu sein.

Ich habe freilich den Verdacht, das Wort »Dankbarkeit« sei aus unserem Wortschatz gestrichen. Vieles – das ist ein allgemein menschliches Problem, fürchte ich, und hat mit Behinderung primär nichts zu tun – halten wir für selbstverständlich, und wir erwarten ständig mehr. Wir sollten nicht vergessen, daß am Ende nichts selbstverständlich ist – auch nichts von dem, was der Gesetzgeber gewährt. Darum sollte das Wort »Dankbarkeit« für uns alle – für Behinderte wie für Nichtbehinderte – wieder eine weit größere Rolle spielen. Unzufriedenheit und »Je mehr er hat, je mehr er will« sind böse Begleiter auf unser aller Weg. Sie lassen uns unseren »dunklen Pfad« nicht getrost gehen, machen uns vielmehr bitter, mürrisch, und unverträglich. Dankbarkeit dagegen ist ein guter Wegbegleiter. Wer das Danken gelernt hat, wird verträglich und getrost. Wer die Dankbarkeit zum Weggenossen hat, von dem wird es – wie von jenem Schatzmeister aus Afrika – heißen können: »Er aber zog seine Straße fröhlich«.

5. Noch so jung – und schon blind

Es war im Sommer 1966. Nach zehnjähriger Ehe leisteten wir uns eine erste Urlaubsreise – eine Woche südlicher Schwarzwald. Täglich unternahmen wir erholsame Wanderungen durch Hügel und Wälder. Und dann – an einem heiteren Sommertag – geschah es: Wieder waren wir zu einem längeren Spaziergang aufgebrochen. Mitten im Ort standen einige ältere Damen in lebhafter Unterhaltung. Eine von ihnen sah uns, bemerkte – vermutlich an der Tatsache daß ich geführt wurde – meine Blindheit und stöhnte auf: »Mein Gott – noch so jung – und schon blind!«

Was war dieser Frau widerfahren? Wir nennen es Mitleid. Und – offen gestanden – Mitleid macht uns unsicher und verlegen. Darum schätzen wir es nicht eben – und werden darüber manchmal ungehalten.

Während eines Fortbildungsseminars für Religionslehre an Schulen für Blinde haben wir lange Gespräche geführt über die Frage: Was sollen wir von dem Mitleid halten, das man blinden Kindern – und Erwachsenen – häufig entgegenbringt? Sollen wir es uns verbitten? Sollen wir es gelassen hinnehmen? Oder sollen wir uns gar darüber freuen? Manchmal hat Mitleid durchaus materielle Begleiterscheinungen – ein Eis für blinde Kinder – Geld – oder gar Windbeutel und Kaffee für eine ganze Freizeitrunde.

»Wir brauchen nicht Mitleid, sondern verständnisvolle Hilfe« wird in den verschiedenen Gruppen der Behinderten mit Recht betont. Offenkundig zur Schau getragenes Mitleid erweckt häufig den fatalen Eindruck, man wolle sich auf diese Weise vom Erfordernis verständnisvoller Hilfe gleichsam loskaufen. Es wird mir freilich immer fraglicher, ob dieser Eindruck richtig ist. Gefühlsregungen dieser Art, die wir Mitleid nennen, gehören eigentlich doch zur Wesensart des Menschen. Ich habe viel eher den Verdacht, daß der Mensch des 20. Jahrhunderts systematisch dazu erzogen worden ist, jede derartige Regung in sich im Keim zu ersticken. Kühle Sachlichkeit ist heute gefragt – und bei vielen unserer Zeitgenossen ist diese kühle Sachlichkeit mittlerweile längst zum kalten Egoismus herangereift. Eigentlich sollte es uns daher freuen, wenn wir im weiten Meer dieser kühlen Sachlichkeit beziehungsweise im brutalen Ansturm dieser kalten Selbstsucht Menschen begegnen, die noch einer Gefühlsregung fähig sind. Ohne Frage berührt es uns peinlich, wenn eine solche Gefühlsregung gerade uns zum Ziel hat. Dennoch – meine ich – sollten wir es lernen, solche Ausbrüche menschlichen Gefühls gelassen zu ertragen. Steht nicht auch von Jesus jenes Wort im Neuen Testament: »Als er das Volk sah, jammerte es ihn«? Und sagt er nicht ebenso über den barmherzigen Samariter: »Als er ihn (den Überfallenen) sah, jammerte ihn sein«?

Mitleid gibt es also auch in der Bibel. Und dort jedenfalls kommt es aus einem warmen, mittragenden Herzen. Das aber ist etwas durchaus Positives. In unserer so dunkel und kalt scheinenden Welt brauchen wir Menschen, die mit Leidenden und Behinderten tragen – und sei es nur in Gedanken, vielleicht gelegentlich einmal in Worten. Noch wichtiger freilich wäre es, daß auch wir selbst – ob behindert oder nichtbehindert – fähig würden, mit anderen zu tragen – mit Kranken und Einsamen in unserer Mitte etwa – und zwar nicht nur in Gedanken und Worten. In der griechischen Sprache heißt mitleiden »sympathein«. Mitleid – wenn es je über eine augenblickliche Gefühlswallung hinauskommt – hat demnach etwas mit Sympathie zu tun. Sympathie aber bleibt bei bloßen Gedanken und Worten nicht stehen. Der Apostel Paulus schreibt (Galater 6,2): »Einer trage des anderen Last, so werdet ihr das Gesetz Christi erfüllen.« Sich tragen lassen und wieder tragen – auf diese Weise wird die Waage der Liebe Gottes in dieser Welt im Gleichgewicht gehalten. Darauf aber – denke ich – kommt es doch letztlich an.

6. »Liebe ist nicht nur ein Wort«

Das Folgende ereignete sich während einer unserer Blindenfreizeiten. Das Haus, in dem wir gemeinsam mit anderen Gästen wohnten, veranstaltete einen Missionsvortrag mit Dias. Die Missionarin verstand es in guter Weise, auch uns Blinde zu fesseln. Wir waren beeindruckt von dem, was sie berichtete. Dann freilich kam der Schluß. Sie meinte, speziell uns Nichtsehenden noch ein gutes Wort mit auf den Weg geben zu müssen: »Liebe blinde Schwestern und Brüder. Ihr seid doch eigentlich zu bedauern. All die schönen Bilder habt ihr nicht sehen können. Ihr müßt überhaupt auf so vieles verzichten. Ihr dürft dennoch froh und dankbar sein; denn Gott hat euch trotzdem lieb!«

Das ist ein gutes Wort. Es sollte aufrichten, trösten. Aber diese Missionarin lebte einige Tage mit uns zusammen. Sie erlebte, daß einige von uns keinen Begleiter hatten. Sie fügte ihrem tröstlichen »Gott hat euch lieb« trotzdem nicht hinzu: »Ich möchte mit einem von euch morgen eine halbe Stunde spazierengehen« oder: »Ich möchte einem von euch eine halbe Stunde vorlesen.«

Ich erzähle auch diese Begebenheit, weil wir Christen oft sehr ausgiebig über Gott und die Welt reden. Wir kommen und hören – diskutieren und fragen. Wir möchten begreifen – suchen nach Rat und Hilfe. Mir scheint, daß wir darüber die wirklich praktische Hilfe gelegentlich versäumen.

Und es gilt doch zu bedenken, wie zahlreich die Menschen sind, die unsere Zuwendung brauchen: Kranke und Gesunde, Sehende und Nichtsehende. Es geht nicht an, daß sich einer nur als der Empfangende betrachtet – dasitzt und wartet, bis einer kommt, sich um ihn zu kümmern. Empfangen ohne den Willen zum Geben macht einen zum Bettler. Mit Sicherheit lebt oder arbeitet einer neben mir, der darauf wartet, daß ich mir die Zeit nehme, ihm zuzuhören, wenn er von seinen Schwierigkeiten erzählt. Gerade für einen Nichtsehenden ergeben sich hier viele Möglichkeiten, ja Notwendigkeiten. Ich kann nicht von Gottes Liebe reden und den Anderen, der mich braucht, alleinlassen. Die Zeile aus einem Lied unserer Tage, die ich diesem Abschnitt voranstellte, bleibt wahr: »Liebe ist nicht nur ein Wort.«

Mitleid ist demnach nur dann als echt ernstzunehmen, wenn es sich aus der bloßen Gefühlsregung über Sympathie und Liebe weiterentwickelt zum hilfreichen Tun.

Es gibt unter Behinderten freilich auch so etwas wie Selbstmitleid, und das macht uns – so fürchte ich – noch mehr zu schaffen. Dazu ein weiteres Erlebnis.

7. Freude anders lernen

Mit einer Freizeitgruppe besuchten wir in Nürnberg die Lorenzkirche. Mehr als zwanzig Meter hoch ist dort das Sakramentshaus – von Adam Kraft in Stein gehauen. Wir ertasten, soweit der Arm reicht – Bild an Bild – ein herrliches Kunstwerk. Wir haben nicht soviel davon wie unsere sehenden Freunde. Aber es erwächst uns doch eine – wenn auch bescheidene – Vorstellung von dem, was ein frommer Bildhauer vor Jahrhunderten schuf.

In der Lorenzkirche hängt – an der Decke befestigt – ein zweites Werk der bildenden Kunst: der Engelsgruß an Maria von Veit Stoss. Man beschreibt ihn uns. Riesen müßten wir sein, wollten wir ihn mit unserer tastenden Hand erreichen. Und da geschieht es, daß eine aus der Gruppe dasteht und weint, weil sie sich aus diesem Erlebnis erhabener Kunst ausgeschlossen fühlt.

An dieser Stelle scheint mir eine Not aufzubrechen, unter der zahlreiche Nichtsehende leiden – gerade diejenigen am tiefsten, die nicht uninteressiert und abgestumpft in den Tag hinein leben. Das gleiche Verzichtenmüssen, wenn Nichtsehende irgendwo in den Bergen wandern – um sie her eine grandiose Landschaft, die sehenden Begleiter sind begeistert, die Nichtsehenden müssen sich mit dem begnügen, was man ihnen schildert.

Verzichten – das Wort spielt im Leben Behinderter eine große Rolle. Verzichten auf das, was nur über das Auge wahrnehmbar ist: Auf schöne Landschaften, auf die Werke der Malerei und der Architektur.

Dies bedeutet aber doch nicht, auf Freude zu verzichten! Es bedeutet lediglich, daß wir umlernen müssen. Freude entzündet sich ja nicht nur an Landschaften und Bildern und Gebäuden. Freude entzündet sich an so vielen Dingen. Wir müssen wieder begreifen lernen, wo wir Freude finden.

Ich gehe durch meinen Garten. Dort wachsen Bäume – zahlreiche Bäume und Sträucher – Rosen mit ihrem betörenden Duft (ich habe sie eigens deswegen ausgewählt) – Kiefern, Tannen, Fichten, Wacholder und Zypressen – Flieder, Japanische Kirsche und Ahorn mit ihren so unterschiedlichen Nadeln und Blättern.

Ich wandere durch Wald und Feld und erfreue mich an der Fülle von Vogelstimmen. Mit der Zeit habe ich gelernt, ein oder zwei Dutzend Vögel an ihren Stimmen und Strophen zu unterscheiden.

Besonders gern halte ich mich im Gebirge auf. Die Landschaft um mich her sehe ich nicht. Aber ich ertaste die Formen der Steine. Ich freue mich an den zahllosen oft winzigen Pflänzchen, die auch hier noch wachsen. Ich empfinde die ganze, dem Auge nicht zugängliche Atmosphäre der Landschaft.

Manchmal sitze ich an einem lauen Sommerabend auf meinem Balkon. Über mir schwirrt ein Schwalbenpaar und trägt Futter ins Nest an der Hauswand. Von weit drüber aus dem Tal tönt das satte Muhen von Kühen auf der Weide.

Es gibt so unendlich vieles, das uns erfreuen will. Häufig sind es kleine Dinge. Wer wachen Sinnes durch die Welt geht, wird vermutlich bald einstimmen in jenen Liedvers:

»Da heißt die Welt ein Jammertal
und deucht mich doch so schön,
hat Freuden ohne Maß und Zahl,
läßt keinen leer ausgehn.«

Keinen.
Mich auch nicht.

Das hängt freilich mit einer Freude zusammen, die tiefer greift als das, was uns vor Augen und vor Füßen liegt. »Freut euch, daß eure Namen im Himmel geschrieben sind«, sagt Jesus (Lukas 10,20). Das meint: Freut euch darüber, daß euch in jeder Sekunde eures leichten oder schweren Lebens Gottes uneingeschränkte Liebe gilt. Wer diese Freude kennt, kann es wohl auch lernen, sich an den Dingen des Lebens zu freuen – an Bäumen und Vögeln und Steinen – am Rauschen des Waldes und an der tosenden Brandung am Meer. Der kann sich begnügen mit dem, was andere ihm von großen und erhabenen Landschaften oder Werken der Kunst beschreiben. Er kann sich von Herzen mitfreuen, wenn sehende Freunde begeistert von Dingen sprechen, die dem Nichtsehenden nur zum Teil – oder überhaupt nicht – zugänglich sind.

Das Selbstmitleid – so verständlich es sein mag – hat hier keinen Raum mehr. An seine Stelle tritt jene Gewißheit, die Heinz Berner zum Ausdruck brachte: »Wen deine starken Hände fassen, der geht getrost den dunklen Pfad.« Dieses wahrhaft getröstete Wandern aber, meine ich, sei die eigentliche Freude – eine Freude, die mehr ist als das, was Augen sehen und Ohren hören – mehr auch, als Hände ertasten können. »Unser Lachen zwar erstirbt in unsern Tränen. Unsre Freude doch kann nicht in ihnen sterben.«[16]

8. Im Gebirge

Auch dies ereignete sich während einer unserer Blindenfreizeiten und steht mit dem im vorigen Abschnitt dargestellten in engem Zusammenhang.

Vom Grödnertal aus sind wir mit einer Gruppe von Blinden und ihren Begleitern zu einer Dolomitenhütte aufgestiegen – von 1500 Meter auf 2500 Meter Höhe. Der Weg war beschwerlich – zum Teil auf schmalem Pfad in Serpentinen am Hang hinauf – einmal über ein Schneefeld. Wir wollen nicht über den gleichen Weg absteigen und fragen einen Wanderer nach einem vielleicht leichteren Abstieg. Und dann kommt seine halb erstaunte, halb vorwurfsvolle Frage: »Um Gottes willen, warum machen sie so etwas mit Blinden?«

»So etwas« ist für sehende Wanderer so gut wie ohne jede Schwierigkeit. Für Nichtsehende ist es – zugegeben – nicht ganz so einfach. Aber wir haben es auf uns genommen – 14 Stunden steil bergauf, steil bergab, wieder hinauf und endlich vollends hinab durch ein fast unberührtes Hochgebirgstal. Kahle Felsen, hier und da winzig kleines pflanzliches Leben. Wir sind gelaufen, gesprungen, haben manchmal auf dem Hintern gesessen, haben gerastet, unscheinbare Pflänzchen betastet, die klare Gebirgsluft geatmet, uns an bizarren Steinformen und Blütchen gefreut. Dann die Stille um uns her – je und dann eine Vogelstimme – beim Wandern unter den Füßen diese urwüchsigen Steige, manchmal Geröll, Schafe mit ihren Glocken am Wegrand, weiter unten dann Wald und ein rauschender Gebirgsbach. Dies alles zu erleben – als Blinder dies zu erleben – hat jede Anstrengung gelohnt. Und dies alles hätten wir diesem erstaunten und vorwurfsvollen Frager antworten müssen: Darum machen wir »so etwas« mit Blinden, weil auch wir Nichtsehenden einmal Anteil haben möchten am Staunen und an der Freude, über das erhabene Werk des Schöpfers. Ich weiß nicht, ob er es verstanden hätte.

Die dort oben auf der Höhe des Dachsteins hätten es wohl kaum verstanden.

Mit der Seilbahn sind wir auf den Hunerkogel hinaufgefahren – hinauf auf den Dachsteingletscher, hinauf in den ewigen Schnee. Dann sind wir durch tiefen Schnee ein Stück gewandert – eine halbe Stunde vielleicht. Im tiefen Schnee, weil diejenigen, die zurückliefen, den festgetretenen Pfad benutzten. Auf dem Rückweg zur Bergstation der Seilbahn benutzen wir den festgetretenen Pfad. Die uns Entgegenwandernden müssen ab und zu in knöcheltiefen Schnee. Die meisten nehmen es gelassen hin, wie wir es zuvor hingenommen haben. Dann aber ist da auf einmal einer, der uns lautstark wissen läßt: Nur dieser Blinden wegen müsse er bis über die Knöchel in den Schnee, und was die denn überhaupt hier oben wollten?

Er hätte es wohl kaum verstanden, hätten wir ihm erklärt, daß auch Blinde dies einmal erleben möchten: Gletscher und ewiges Eis.

Vermutlich war es auch gar nicht die Tatsache, daß er im Schnee waten mußte, die ihn verdrießlich und ungeduldig machte. Vermutlich war es der Anblick einer Schar von Menschen, die aus dem »Normalen« herausfielen. Das »Normale« ist die Gesundheit, das Dahinstürmen auf der Sonnenseite des Lebens. Wo dieses »Normale« gestört ist, fühlt man sich unbehaglich und betroffen. Betroffen aber will man nicht sein, will sich Ruhe und Erholung nicht beeinträchtigen lassen durch das, was »unnormal« scheint. Reaktionen von Angstabwehr. Man wird plötzlich daran erinnert: So könntest du selbst auch sein.

Ich nehme an, das ist ein allgemein menschliches Phänomen, das auch der Behinderte selbst kennt. Der Nichtsehende beispielsweise hält seine Blindheit oft für durchaus zum »Normalen« gehörig. Es gibt aber auch für ihn das andere, das ihn betroffen macht – dem er dann auch gern aus dem Weg geht: Taubblindheit oder geistige Behinderung. Wir alle – Gesunde wie Kranke, Behinderte wie Nichtbehinderte – sollten ernsthaft darüber nachdenken, wie wir auf diejenigen reagieren, die nach je unserer Vorstellung aus dem Rahmen des Normalen herausfallen. Möglicherweise werden wir dann gelassener denen gegenüber, die uns unfreundlich begegnen und in ihrer Angstabwehr so tun, als hätten wir eine ansteckende Krankheit. Auch sie haben ja nur die Vorstellungen, die man ihnen gleichsam eingeimpft hat: Du hast ein Recht auf Glück und Gesundheit; alles aber, was dir diesen Anspruch stört, hat kein Recht, dich an anderes als an Glück und Gesundheit zu erinnern. Selbst in Verlautbarungen der Weltgesundheitsorganisation soll gelegentlich – ich habe dies nicht nachprüfen können – vom Recht auf Gesundheit die Rede gewesen sein. Wer will es einem Menschen dann schließlich ankreiden, wenn er auf alles, was ihm »unnormal« scheint, mit Unbehagen, Angst und Unwillen reagiert?

Vielleicht gelingt es uns eines Tages, dies zu verstehen und auf solche Angriffe gelassen zu reagieren. Vielleicht kann dann irgendwann – nach einem langen Lernprozeß – von uns allen gesagt werden: »... der geht getrost den dunklen Pfad.« Daß dies nicht leicht ist, ist unbestritten. Aber wir sind daran ja gewöhnt, daß im Leben eines Behinderten nichts leicht ist.

9. In der Straßenbahn

Damals in Berlin gelang es uns leichter, gelassen und heiter zu reagieren.

Herbst 1966. Im Rahmen eines Diakonischen Kongresses halten wir eine Vorstandssitzung des Christlichen Blindendienstes. Jeden Morgen haben wir einige Stadtteile weit mit Bus und Straßenbahn zu fahren. So besteigen wir auch an jenem Morgen die Straßenbahn – etwa 6 Blinde mit ihren Begleitern. Der Schaffner sieht uns und ruft in das Wageninnere hinein, man möge Plätze freimachen. Blinde seien eingestiegen. Einer steht auf – in seinem beredten Humor wohl ein typischer Berliner – und meint: »Na wat denn – die sind doch nich blind in die Beene.«

Er hatte ohne Zweifel recht. Blind sind wir nicht in den Beinen. Und wir konnten mit allen Fahrgästen über seine Weisheit herzlich lachen. Daß es einem Blinden oft nicht leicht ist, sich, wenn er steht, in Kurven recht zu verhalten, weil er die Kurve nicht vorhersehen kann – daß er dann aber unkontrolliert hin und hergewirbelt wird – daran hat dieser humorvolle Rufer in Berlin nicht denken können.

Trotzdem: Seit jenem Erlebnis in der Berliner Straßenbahn fällt es mir viel leichter, im Bus auch einmal zu stehen. Das Erlebnis irgendwo auf dem Weg nach Dahlem war mir eine gute Lehre. Und vielleicht war es eben dieser trockene Humor – ohne jede Bosheit –, der uns das leichtgemacht hat – damals – und bis heute.

Es wäre mir eine Freude, wenn ich die bescheidenen – teils ernsten, teils heiteren – Erlebnisse dieses Kapitels nicht umsonst erzählt hätte; wenn es uns allen gelänge, solche Erlebnisse und Erfahrungen nicht durch zornige Reaktionen gleichsam zu verdrängen, sondern sie gedanklich zu verarbeiten. Sie könnten uns auf diese Weise wohl zu einer wirklichen Hilfe werden.

Und eines Tages werden wir dann sicherlich mit Heinz Berner bekennen können:

»Wen deine starken Hände fassen,
der geht getrost den dunklen Pfad.«

VI. Wenn Sie Blinden begegnen . . .

Nach den bisherigen Kapiteln, die Sehende und Nichtsehende in gleicher Weise ansprechen – das einemal mehr diese, ein anderesmal mehr jene –, scheint es mir angezeigt, ein Kapitel mit Hinweisen anzufügen, die sich im wesentlichen an sehende Angehörige, Freunde und Begleiter richten. Die Hinweise sind aus dem bisher Gesagten entwickelt und mögen eine Art Zusammenfassung darstellen.

Der erste Abschnitt wird allgemeine Ratschläge anbieten, auf welche Weise sich die Begegnung zwischen Sehenden und Nichtsehenden gestalten sollte. In einem zweiten und dritten Abschnitt wird einiges über blinde Kinder und Jugendliche zu sagen sein.

1. Allgemeine Ratschläge

Sogenannte Regeln für den Umgang mit blinden Menschen finden sich in zahlreichen Büchern, Zeitschriften und Merkblättern. Sie gleichen einander in vieler Hinsicht und sind, soweit sie mir notwendig und hilfreich scheinen, in den nachstehenden Hinweisen als Anregungen verarbeitet.

- Der Nichtsehende ist ständig gezwungen, den Ausfall des Sehvermögens durch Aktivierung der ihm verbliebenen Sinne zu kompensieren. Dies erfordert ein hohes Maß an Konzentration und nervlicher Belastung. Daran sollten Sie denken, wenn Ihnen blinde Menschen gelegentlich ungeduldig und reizbar erscheinen.

- In Ausbildung und Beruf stehende Blinde sind häufig in der Gefahr, aus dem ständigen Bestreben, eine möglichst vollkommene Leistung zu erbringen, sich selbst zu überfordern. Auch dies kann leicht zu nervösen Reaktionen führen, die einen ungezwungenen Umgang erschweren.

- Der Altersblinde dagegen ist in Gefahr, sich selbst für überflüssig zu halten, daher zu resignieren oder zu verbittern. Darum sollten Sie keine Gelegenheit vorübergehen lassen, dem Erblindeten und seinen Angehörigen deutlich zu machen, daß vieles von dem, was früher an Fertigkeiten selbstverständlich war, auch in der neuen Situation durchaus möglich ist bzw. wieder erlernt werden kann.

- Menschen, die eben von Blindheit bedroht sind, wehren sich in der Regel leidenschaftlich dagegen, sich die Möglichkeit der Erblindung einzugestehen. Sie lehnen daher jeden Kontakt mit Blinden ab. Für solche Personen ist es erfahrungsgemäß jedoch eine große Hilfe, in der Gemeinschaft mit Nichtsehenden die Zuversicht zu gewinnen, daß man mit der Blindheit leben kann. Auch lernt einer in solchen Begegnungen mit Blinden rechtzeitig die Hilfsmittel kennen, die sein künftiges Leben – ein Leben mit der Blindheit – hier und da zu erleichtern vermögen.

- Sie sollten es möglichst vermeiden, Blinden gegenüber nur verbales Mitleid zu bekunden. Zwar gibt es Nichtsehende, die sich für die Bemitleidenstwertesten unter allen Menschen halten, die Mehrzahl der Blinden dagegen lehnt bloße verbale Bezeugung von Mitleid ab. Praktische Hilfe ist in jedem Fall wichtiger.

- Wenn Sie einem Blinden helfen wollen, reden Sie ihn bitte an, bevor Sie ihn anfassen. Bedenken Sie, daß es nicht angenehm ist, aus der Dunkelheit heraus unvorbereitet »gepackt« zu werden.

- Wollen Sie einen Blinden führen, dann fragen Sie ihn, ob er gewohnt ist, sich bei seinem Begleiter unterzuhaken oder sich unterhaken zu lassen. Sie sollten aber in jedem Fall den Eindruck vermeiden, als ob Sie den Blinden hinter sich herziehen oder vor sich herschieben (wenn dies im Gedränge gelegentlich auch einmal nicht vermeidbar sein mag). Das Anzeigen von Bordkanten, Stufen usw. sollte deutlich aber unauffällig geschehen. Wer mit einem Blinden öfter geht, wird sich mit ihm schnell auf eine geeignete Methode einigen.

- Auch das Fahren mit Rolltreppen ist Nichtsehenden durchaus möglich. Aus eigener Erfahrung rate ich: Betreten Sie die Rolltreppe vor dem Blinden und legen sie seine Hand auf den Handlauf. Am Abknicken des Handlaufs wird er erkennen, wo die Rolltreppe beginnt und endet bzw. ob sie nach oben oder unten läuft.
- Oft machen blinde Menschen die Erfahrung, daß Sehende ihnen aus dem Weg gehen oder ein Zusammensein mit Behinderten rundweg ablehnen. Meist entspringt diese scheinbare Abneigung der Unsicherheit darüber, wie man mit Blinden umgehen könne. Versuchen Sie bitte, diese Hemmungen zu überwinden. Mit einem blinden Menschen können Sie reden wie mit jedem anderen. Sie sollten ihn freilich nicht gleich im ersten Gespräch nach den Ursachen seiner Blindheit fragen. Viele Nichtsehende halten eine solche Frage für bloße Neugierde und reagieren entsprechend kühl.
- Lassen Sie bei einem Blinden, mit dem Sie öfter zu tun haben, nicht den Eindruck aufkommen, er sei immer nur der Empfangende und Beschenkte. Geben Sie ihm die Chance, auch einmal der Schenkende zu sein, indem Sie ihm das Gefühl vermitteln, daß Sie ihn brauchen.
- Helfen Sie dem Nichtsehenden bei jeder sich bietenden Gelegenheit, durch möglichst genaue Beschreibung von Wegen und Hindernissen, sich in für ihn neuer Umgebung bald allein und sicher zurechtzufinden. Überhaupt sollte in der Begegnung mit Behinderten Hilfe in erster Linie Hilfe zur Selbsthilfe sein. Das bedeutet, daß man den Nichtsehenden alles tun läßt, was irgend er selbst zu tun imstande ist, und daß man ihn anleitet, nach und nach immer mehr selbst tun zu können.
- Machen Sie sich bitte bemerkbar, wenn ein Blinder einen Raum betritt, indem Sie sich befinden. Es ist unangenehm nicht zu wissen, ob man in einem Zimmer allein ist oder nicht. Entfernen Sie sich auch bitte nicht ohne Ankündigung, wenn ein Blinder mit ihnen redet. Es ist peinlich – ja ärgerlich –, plötzlich zu entdecken, daß man ins Leere hinein spricht.

– Beim Spazierengehen und Reisen ist es für den Nichtsehenden ein besonderes Geschenk, wenn der Begleiter die Gabe besitzt, Landschaften, Gebäude und Kunstwerke so zu beschreiben, daß sie der interessierte und begabte Blinde vor sich »sieht«.

– Wenn Sie mit einem Blinden unterwegs sind, wird es immer wieder geschehen – selbst auf Ämtern –, daß Sie über diesen befragt werden, weil ihr gemeinsames Gegenüber Hemmungen hat, ihn selbst anzureden. Sie dürfen in einem solchen Fall getrost drauf hinweisen, sollten es sogar, daß der Blinde selbst zu hören und zu sprechen vermag.

– Oft werden Sie in die Lage kommen, daß Sie dem Blinden, den Sie betreuen, Kleidung oder Gepäckstücke abnehmen und irgendwo ablegen. Es ist ratsam – vor allem dann, wenn Sie ihn alleinlassen – dem Nichtsehenden auf jeden Fall den Platz zu zeigen, an dem der Mantel hängt bzw. der Koffer steht. Noch besser, Sie lassen ihn, wenn dies möglich ist, Gepäck und Kleidung selbst ablegen. Umso besser wird er beides später wiederfinden.

– Vielen bereitet es offenbar Schwierigkeiten, einen Blinden auf den für ihn vorgesehenen Platz zu dirigieren. Führen Sie ihn von hinten an den Stuhl oder Sessel heran und legen Sie seine Hand auf die Lehne. Das weitere wird er in der Regel selbst können.

– Gelegentlich werden Sie einen Blinden beim Essen bedienen. Dabei gibt es meist keine besonderen Probleme. Unterschiedlich ist freilich auch hierbei der Grad der Selbständigkeit. Fragen Sie daher den Blinden, in welcher Weise er Ihre Hilfe benötigt – beispielsweise, ob er sein Fleisch selbst zu schneiden gewohnt ist. Sagen Sie ihm anschließend, wie die Speisen auf seinem Teller verteilt sind. Viele sehende Helfer orientieren sich dabei am Zifferblatt der Uhr. (Fleisch auf sechs, Kartoffeln auf neun . . .).

– Beim Einsteigen in Straßenbahnen, Busse oder Züge legen Sie die Hand des Nichtsehenden an den Griff oder Handlauf, wenn vorhanden. Teilen Sie ihm mit, welche Stufen er zu überwinden hat. Ebenso verfahren Sie beim Aussteigen.

- Auch blinde Gemeindeglieder haben das Bedürfnis, den Gottesdienst und andere Gemeindeveranstaltungen zu besuchen, oft ist dies nicht möglich, weil zur Begleitung niemand zur Verfügung steht. In diesem Fall sollte die Gemeinde nach Wegen suchen, Behinderte abzuholen und nach beendeter Veranstaltung wieder nach Hause zu bringen.

- Es ist von besonderer Wichtigkeit daß der Gemeindepfarrer seine blinden Gemeindeglieder – die älteren vor allem – regelmäßig besucht. Ebenso bedeutsam aber kann es sein, einem Nichtsehenden einen Besuchsdienst bei einem Gelähmten oder sonst Behinderten zuzuweisen. Es genügt, ihn hinzubringen und ihn später wieder abzuholen. Mit Sicherheit wird ein solcher Besuchsdienst für beide Teile hilfreich sein.

- Auch in anderen Bereichen der Gemeindearbeit sind Blinde einzusetzen: Kirchen- und Posaunenchöre, Kindergottesdienst, Frauen-, Männer- und Jugendarbeit. Sollte bei derartigen Einsätzen die Hilfe eines Sehenden erforderlich sein, so werden Sie in der Gemeinde sicherlich jemanden finden, der diese Hilfe zu leisten bereit ist.

- Es mag geschehen, daß ihre gut gemeinte Hilfe gelegentlich zurückgewiesen wird. Bedenken Sie in einem solchen Fall, daß das Selbstwertgefühl des Blinden sich festigt, wenn er etwas selbst zu tun vermag. Ohne ein gewisses Maß an Selbstwertgefühl aber kann ein Behinderter auf die Dauer nicht bestehen. Wird Ihr Hilfsangebot zurückgewiesen, so lassen Sie sich dadurch bitte nicht entmutigen, unter keinen Umständen aber davon abhalten, dem nächsten Blinden, der Ihre Hilfe benötigt, zur Verfügung zu stehen.

- Weder mit nur verbalen Mitleidsbezeugungen noch mit kumpelhafter Anbiederung helfen Sie einem Nichtsehenden, sondern einzig dadurch, das Sie ihn in seinem so oder so geprägten Menschsein ernstnehmen.[17]

2. Blinde Kinder

Es kann nicht meine Aufgabe sein, in diesem Abschnitt detaillierte Vorschläge für die Erziehung blinder Kinder vorzulegen. Dies müßte von Seiten eines erfahrenen Sonderpädagogen geschehen und ist – gerade in den letzten Jahren – in Gestalt einiger einschlägiger Veröffentlichungen auch erfolgt. Leider war es mir nicht möglich, mich mit dieser speziellen Fachliteratur gründlich genug zu befassen. Daher beschränkt sich dieser Abschnitt auf einige wenige bescheidene Gedanken und Anregungen zum Thema.

Vor Jahren nahm ich für einige Tage an einer Sonderkur für Mütter blinder Kinder teil und bekam in diesen Tagen zu spüren, wie hilflos solche Mütter oft sind. Vom geeigneten Spielzeug über das Hin- und Herrücken der Zimmereinrichtung bis hin zur Rücksichtnahme auf das blinde Kind beim geplanten Hausbau – alles wurde zum Problem, dessen Lösung man unsicher gegenüberstand. Die folgenden Hinweise sind aus den Einzel- und Gruppengesprächen jener Tagung erwachsen und können nicht den geringsten Anspruch auf irgendeine Systematik oder gar Vollständigkeit erheben.

Den Hintergrund, vor dem solche Hinweise zu sehen sind, mögen zunächst einige Sätze von A. Schilson[18] deutlich machen:

». . . beim Kind ist dies noch anders. ›Der Ernst des Lebens‹ spielt in seinem Bewußtsein kaum eine Rolle – das genau macht den besonderen Reiz der Kinderzeit aus. Ein Kind erfährt normalerweise Liebe und Geborgenheit, ihm werden Fürsorge, Vertrauen und menschliche Zuwendung geschenkt. Darum erscheint sein Leben licht und hell – Kinderaugen spiegeln meist diese ungetrübte Helligkeit der frühen Lebensjahre wider.«

Daß auch blinden Kindern – vielleicht gerade ihnen – von ihren Eltern Geborgenheit, Fürsorge und menschliche Zuwendung zuteil wird, davon ist in der Regel wohl auszugehen. Freilich sollten Geborgenheit und Fürsorge unter keinen Umständen zu einer Art Überbehütung führen, die das blinde Kind hilflos, unselbständig und damit für das Leben untauglich machen. Auf der anderen Seite gibt es bis heute auch diejenigen Eltern, die ihr behindertes Kind ablehnen und es dies uneingeschränkt spüren lassen. Auch aus diesem offensichtlichen Mangel an menschlicher Zuwendung erwachsen in der Regel Hilflosigkeit, Unselbständigkeit und Untauglichkeit, das Leben zu bewältigen.

Daß Kinderaugen nicht immer die »ungetrübte Helligkeit der frühen Lebensjahre« widerspiegeln, weiß auch Schilson – und dies gilt für behinderte Kinder in noch weit höherem Maß:

». . . aber auch auf das Leben eines Kindes fallen schon erste düstere Schatten: Es wird ungerecht behandelt und erfährt dadurch eine Schattenseite dieser Welt; es stößt an Grenzen, die ihm gezogen sind, und muß sich mit dieser Situation auseinandersetzen und abfinden; es erlebt das Leid, das Menschen einander antun, und den Schmerz, den sie sich selbst und anderen zufügen. Und irgendwann weint das Kind seine ersten, bitteren Tränen in dieser Welt . . . selbst dem Kind also bleiben Leid und Schmerz nicht erspart; es lernt die Schattenseiten des Lebens auf seine Weise bereits kennen.«

Vor diesem schmerzlichen Hintergrund früh erfahrener Grenzen, die in das Leben blinder Kinder bereits in frohen Kinderjahren das Erlebnis von Leid und Schmerz hineintragen, sind die in diesem Abschnitt gegebenen Hinweise – wie überhaupt jegliche, von wem auch immer zusammengetragenen diesbezüglichen Anregungen – zu sehen.

- Beim Hausbau ist eine Rücksichtnahme auf blinde Kinder in der Regel nicht erforderlich – es sei denn, daß man unnötige Türschwellen vermeidet, die es in modernen Häusern ohnehin kaum noch gibt. Wegen der Hörempfindlichkeit Blinder sollte man auf möglichst gute Schallisolierung achten. Hochgradig sehbehinderte benötigen sehr helle Räume. Im übrigen wird sich das blinde Kind schnell zurechtfinden, wird lernen, wie die Flure verlaufen, die Treppen gestaltet sind usw.
- Eine zu weitgehende Rücksichtnahme, die leicht zur Überbehütung führt, sollte in jedem Fall vermieden werden. Die Möbel in

einem Zimmer müssen, auch wenn ein blindes Kind im Haus lebt, keineswegs immer am gleichen Platz stehen. Zunächst, wenn das blinde Kind laufen lernt, wird es sicher gut sein, Möbel möglichst nicht zu verrücken. Später dagegen, wenn das Kind in seinen Bewegungen sicher geworden ist, sollte man – gleichsam als Orientierungstraining – Möbel gelegentlich bewußt anders im Raum gruppieren. Der blinde Mensch muß sich in seinem Leben häufig in einer Umwelt zurechtfinden, die sich ständig verändert.

– Eines freilich sollte man – und dies gilt nicht nur im Blick auf blinde Kinder – nicht übersehen: Halb offen stehende Türen sind der Feind jedes blinden Menschen. Zahllose Wunden und Beulen sind vermeidbar dadurch, daß man Türen entweder schließt oder ganz öffnet.

– Eine entscheidende Rolle spielt im Leben jedes Kindes das Spielzeug. Das blinde Kind benötigt zum Spielen Gegenstände, die vom Auge unabhängig sind. Bälle sollten im Inneren mit einer Klingel ausgestattet sein.[19] Von besonderer Wichtigkeit scheint mir die Auswahl von Stofftieren zu sein. Man wird dabei auf eine möglichst naturgetreue Form achten müssen. Ein sehendes Kind wird unterscheiden lernen, wo es sich um eine naturgetreue Wiedergabe oder um eine Karikatur handelt. Ein blindes Kind dagegen ist gezwungen, sich seine Vorstellungen aus Nachbildungen zu formen.

– Es ist entscheidend, auf jede nur erdenkliche Weise dafür zu sorgen, daß die verbliebenen gesunden Sinne des Kindes so früh wie irgend möglich geschult werden. Das Ohr des blinden Kindes sollte man schärfen, indem man ihm von klein auf jedes Geräusch deutet – nicht nur die lauten, sondern gerade die leisen Geräusche –, damit es lernt, aufmerksam zu hören. Ein gutes Training sehe ich darin, ein blindes Kind auf Spaziergängen Vogelstimmen unterscheiden zu lehren – das Zirpen einer Grille oder das leise Rauschen eines Baumes.

- Ebenso wichtig ist die Ausprägung des Tastsinnes. Mit den Fingern wird das Kind später lesen müssen. Im Handel gibt es heute eine Fülle von Spielzeug, das – auch im Blick auf sehende Kinder – dazu konstruiert wurde, die Geschicklichkeit der Hände zu fördern. Bei blinden Kindern sollte man besonders darauf achten, das Richtige auszuwählen, das außer Beweglichkeit und Geschicklichkeit der Finger auch deren Tastfähigkeit ausbildet.

- Geruchs- und Geschmackssinn spielen bei der Umweltbewältigung durch blinde Menschen nicht die primäre Rolle wie Gehör- und Tastsinn. Trotzdem darf man auch diese weniger hervorstechenden Sinne nicht vernachlässigen. Wie anders etwa soll der blinde Mensch einen Garten oder einen Wald in sich aufnehmen als über den Geruchsinn! Außerdem spielt das Riechen bestimmter Läden – wie Bäckereien, Gemüseläden usw. – bei der Orientierung des blinden Menschen eine nicht zu unterschätzende Rolle.

- Der Sehende ist gewohnt, seine Umwelt über das Auge zu erleben: Die Natur, die er selbst durch Spaziergänge und Reisen zu erreichen vermag – ferne Länder, deren Schönheiten ihm das Fernsehen vermittelt u. a. Sie sollten dem blinden Kind auf jede nur erdenkliche Weise dazu helfen, von seiner Umwelt soviel wie irgend möglich zu erleben – sei es über das Ohr, über die Hände oder über den Geruchsinn. Wenn ein blinder Mensch dies wirklich können soll, so muß man mit der Ausbildung der gesunden Sinne beim Kleinkind beginnen.

- Im übrigen – ich habe es wiederholt angedeutet – sollte man ein blindes Kind nicht spüren lassen, daß es anders ist als andere Kinder. Das bedeutet: Auch ein blindes Kind braucht im Gesamtgefüge der Familie seine Aufgaben, denen es verantwortlich nachzukommen hat. Schon für sehende Kinder – um wievieles mehr für behinderte Kinder – ist das Wort »das kannst du nicht« ein lähmendes Gift. Wozu man ein Kind anleitet, dazu wird es fähig sein – auch ein blindes Kind. Verantwortung übernehmen sollte es so früh wie möglich, um jene Portion Selbstwertgefühl zu gewinnen, ohne die ein Mensch nicht sein will und auf Dauer wohl auch nicht sein kann.

- In allem bisher Gesagten wird es darauf ankommen, das Gedächtnis des blinden Kindes so weit wie möglich zu trainieren. Ein gutes Gedächtnis ist in den seltensten Fällen angeboren, sondern in der Regel anerzogen. Für Nichtsehende ist dies begreiflicherweise von besonderer Bedeutung. Ein gutes Gedächtnis macht ihn in vieler Hinsicht unabhängig und selbständig. Eine derartige Gedächtnisschulung aber sollte auch bereits »in der Wiege« beginnen.

Alles in allem sind blinde Kinder, wenngleich sie es in vieler Hinsicht schwerer haben als ihre sehenden Altersgenossen, nicht nur vom Erleben der Grenzen – nicht nur durch Erfahrungen durch Leid und Schmerz geprägt. »Liebe und Geborgenheit . . . Vertrauen und menschliche Zuwendung« vermögen auch seine frühen Jahre »licht und hell« zu machen. Eben dadurch aber wird das Fundament gelegt, das dem blinden Menschen in seinen späteren Lebensjahren ein ungezwungenes, mit nicht allzu viel Problemen belastetes Dasein in seiner Umwelt ermöglicht.

3. Blinde Jugendliche

Auch in diesem Abschnitt seien mir – ungeordnet und ohne jeden Anspruch auf Vollständigkeit – einige wenige Bemerkungen gestattet.

Eine zutreffende Charakterisierung der Probleme junger Menschen scheint mir wiederum A. Schilson in seinem oben erwähnten Büchlein zu geben:

»Vielleicht sind Menschen in diesen Jahren der größten Belastung ausgesetzt, die sie in ihrem Leben auszuhalten haben . . . Junge Menschen entwickeln eine erstaunliche Sensibilität für die Schattenseiten ihrer Umwelt und für die Dunkelheiten dieses Lebens. Sie protestieren gegen Macht- und Profitdenken, sie nennen Heuchelei und Ungerechtigkeit schonungslos beim Namen, sie setzen alles daran, autoritäre Strukturen der Gesellschaft abzubauen. Mehr noch als alles das jedoch zeigen sie sich erschüttert von den ersten Enttäuschungen ihrer jungen Liebe; hier wird die Erfahrung der Unvollkommenheit und Dunkelheit des Lebens doppelt bitter, weil zunächst alles Licht und Sonnenschein war. Junge Menschen tragen schwer an ihren zerstörten Hoffnungen und vernichteten Idealen . . . um so mehr suchen Jugendliche in ihrer Verzweiflung mit ungeheurer Energie den Weg zum Licht, heraus aus der Dunkelheit. Sie wollen Menschen begegnen, die ihnen Licht und Leben schenken.«

Daß diese kurze Charakterisierung der Probleme junger Menschen für behinderte Jugendliche in gesteigertem Maß zutrifft, bedarf keiner Frage. Gerade in der Zeit der Reife tragen sie besonders hart an den ihnen auferlegten Lasten – reiben sich an den ihnen gezogenen Grenzen wund. Daher erscheinen mir einige wenige Hinweise wesentlich:

- Jugendliche Blinde sind im allgemeinen beweglicher und selbständiger als ältere Blinde. In den Blindenschulen werden sie gezielt zur Selbständigkeit angeleitet. Es wird Ihnen bei blinden Jugendlichen aus diesem Grund häufiger geschehen als bei blinden Erwachsenen, daß angebotene Hilfe zurückgewiesen wird. Nehmen Sie es gelassen hin – auch dann, wenn die Zurückweisung schroffer ausfällt, als Sie es für höflich gehalten hätten. Gerade im Umgang mit blinden Jugendlichen ist es wichtig, nur zu helfen, soweit Hilfe sich als unumgänglich erweist.

- Dazu kommt bei blinden Jugendlichen in vielen Fällen der Umstand, daß sie es nicht lieben, auf ihre Blindheit hin angesprochen zu werden. Die an sich richtige Verhaltensweise, so normal wie irgend möglich zu erscheinen, treiben sie gleichfalls auf die Spitze. Häufig begegnet man blinden Jugendlichen, die jegliche Einengung ihrer Fähigkeiten durch die Blindheit bestreiten. Sie sind bestrebt, ihren sehenden Altersgenossen gegenüber in keiner Weise zurückzustehen. Verstehen Sie im Umgang mit blinden Jugendlichen von daher bitte manche Reaktionen über die Sie verständlicherweise verärgert sein könnten. Das Bestreben, so »normal« wie irgend möglich aufzutreten, ist ja durchaus begrüßenswert.

– Eine gewisse Zwiespältigkeit im Verhalten blinder Jugendlicher erwächst aus dem Tatbestand, daß sie einerseits – was zu bejahen ist – proklamieren, das schlimmste im Leben sei die Isolierung, Gruppen ausschließlich für Blinde seien daher auf das Entschiedendste abzulehnen, das alleinige Ziel aller Bemühungen müsse eine vollkommene Integration sein –, andererseits aber bringen gerade diejenigen, die diese unumstrittenen Ziele formulieren und proklamieren, am seltensten den Mut auf, solche zur Integration führenden Kontakte wirklich zu suchen. Zahllose blinde Jugendliche neigen – entgegen ihren Proklamationen – zur Selbstisolierung. Sie sind der festen Überzeugung, der Sehende habe den ersten Schritt zu tun, ihn, den Blinden, in seine Kreise aufzunehmen. Diese Diskrepanz zwischen dem, was sie als Zielvorstellung artikulieren, und dem, was sie wirklich tun, führt im Leben vieler blinder Jugendlicher zur Unausgeglichenheit, Sprunghaftigkeit und – häufig genug – zur Unverträglichkeit.

– Darum ist es gerade bei blinden Jugendlichen wichtig, sie als Persönlichkeiten voll und ganz ernst zu nehmen. Auf auch nur das geringste Anzeichen von Mitleid reagieren sie heftig und intolerant. Sie beanspruchen, als vollwertige Partner behandelt zu werden. Das Wort »Betreuung« als eine auf sie gerichtete Zuwendung »von oben herab« ist aus ihrem Sprachschatz gestrichen. Hilfe, die sie in Anspruch nehmen müssen, ist für sie weithin ein »notwendiges Übel«. Darum erfordert angebotene Hilfeleistung beim blinden Jugendlichen ein besonderes Geschick, das den anderen spüren läßt: Hilfe muß nicht demütigen – sie kann bereichern.

– Die vorangegangenen Hinweise können leicht als eine – im letzten Kapitel dieses Buches abgelehnte – Pauschalbeurteilung mißverstanden werden. Daher gilt es hinzuzufügen, daß keineswegs alle blinden Jugendlichen in gleicher Weise reagieren. Auch unter den Sehenden ist Jugend ja nicht gleich Jugend. Eine Fülle verschiedenster Faktoren spielt eine Rolle: die Erziehung im Elternhaus – die Atmosphäre in Schule und Internat – das Verhalten von Freunden und Kameraden – die eigene, angeborene Wesensart schließlich. Im allgemeinen aber gilt – für Sehende und Nichtsehende gleichermaßen – der, wenngleich banal klingende Satz: »Die Jugend ist besser als ihr Ruf«. Wenn Sie ungezwungen und unauffällig helfen, wird Ihre Hilfe mit Sicherheit auch dankbar angenommen werden. Und bedenken Sie bei allem: Nichts braucht der Mensch – der wie auch immer behinderte Mensch in besonderer Weise – so sehr wie das Gefühl, etwas wert zu sein.

VII. Blindenseelsorge

Nachdem sich die vorangegangenen Kapitel dieses Buches mit Einzelfragen aus dem Erfahrungsbereich sowohl von Blinden als auch von Sehenden, die mit Blinden leben, befaßt haben, sind die Voraussetzungen darzustellen und – verbunden mit einem kurzen geschichtlichen Rückblick – die einzelnen Arbeitszweige der Blindenseelsorge zu beschreiben. Bei der Darstellung der Voraussetzungen ist einerseits auf einige wichtige Fakten und Zahlen hinzuweisen, andererseits sind aber auch eine Reihe von seelischen Problemen zu erörtern, die auf sehbehinderte und blinde Menschen fast täglich einstürmen. Endlich ist zu fragen, welche Ziele Blindenseelsorge unter den zu nennenden Umständen wird anstreben müssen. Bei der Beschreibung der praktischen Arbeit wird sowohl von der Organisationsform als auch von der Arbeitsweise Evangelischer Blindenseelsorge zu reden sein.

1. Fakten und Zahlen

In der Bundesrepublik Deutschland einschließlich Westberlin leben zur Zeit rd. 80 000 Blinde und hochgradig Sehbehinderte[20] – das sind 13 auf je 10 000 Einwohner. Rund 5 000 (in vorgenannter Zahl enthalten) erblindeten aufgrund von Kriegseinwirkungen. Im übrigen führen Erkrankungen aller Art zum teilweisen oder vollständigen Verlust des Sehvermögens – grauer und grüner Star, Hornhaut- und Netzhauterkrankungen, Diabetes, Masern und Scharlach, Sehnerventzündungen, Unfälle, um nur diese Ursachen zu nennen. Die Zahl der Blindgeborenen ist – im Verhältnis zur Gesamtzahl blinder Menschen – gering. Mehr und mehr aber ist Geburtsblindheit mit anderen körperlichen oder geistigen Schäden verbunden. Das bedeutet: die Zahl der mehrfach-behinderten blinden Kinder nimmt in den letzten Jahren in erschreckendem Maße zu.

Nachstehend seien – um den Gesamtüberblick über den in Betracht kommenden Personenkreis zu ergänzen – einige weitere Zahlen genannt:

- 60% = 48 000 der Blinden sind Frauen,
- 3,5% = 2 800 Blinde sind jünger als 15 Jahre
- 24,5% = 19 600 Blinde sind zwischen 15 und 65 Jahre alt
- 72% = 57 600 Blinde sind älter als 65 Jahre. (zum Vergleich: der Anteil der über 65jährigen an der Gesamtbevölkerung beträgt, wenn die mir vorliegende Zahl zutrifft, nur 11%)
- nur rd. 20% der Blinden, etwa 16 000 also sind berufstätig
- legt man die konfessionelle Gliederung in unserem Land zugrunde, dann ist davon auszugehen, daß 37 bis 38 000 Blinde einer evangelischen Landes- oder Freikirche angehören. Damit ist zahlenmäßig der Personenkreis umrissen, an den sich Evangelische Blindenseelsorge wendet, wobei die vorgenannten Prozentzahlen jeweils entsprechend gelten.

2. Wer ist blind bzw. hochgradig sehbehindert?

Diese Frage beantwortet Ziffer 122 der »Anhaltspunkte für die ärztliche Gutachtertätigkeit im Versorgungswesen«[21]. Dort lesen wir in Absatz 1:

»Blinde sind Beschädigte, die das Augenlicht vollständig verloren haben. Als Blinde sind auch die Beschädigten anzusehen, deren Sehschärfe so gering ist, daß sie sich in einer ihnen nicht vertrauten Umgebung ohne fremde Hilfe nicht zurechtfinden können. Dies ist im allgemeinen der Fall, wenn auf dem besseren Auge eine Sehschärfe von nicht mehr als 1/50 besteht oder wenn andere Störungen des Sehvermögens von einem solchen Schweregrad vorliegen, daß sie dieser Beeinträchtigung der Sehschärfe gleichzuachten sind.«

Den Begriff der hochgradigen Sehbehinderung definiert Absatz 3:

»Nicht zu den Blinden zählt der hochgradig in seiner Sehfähigkeit Behinderte, der sich zwar in einer ihm nicht vertrauten Umgebung trotz seiner Sehbehinderung ohne Führung und ohne besondere Hilfe noch ausreichend bewegen kann, dessen Sehschärfe aber wirtschaftlich nicht verwertbar ist. (Im allgemeinen Sehschärfe auf dem besseren Auge nicht mehr als 1/20 oder beim Vorliegen hinsichtlich des Schweregrades gleichzuachtender anderer Störungen der Sehfähigkeit.)

Bei den oben gemachten statistischen Angaben handelt es sich im wesentlichen um den in Absatz 1 beschriebenen Personenkreis der Blinden. Evangelische Blindenseelsorge jedoch schließt – soweit erfaßbar – den in Absatz 3 beschriebenen Personenkreis der hochgradig Sehbehinderten mit ein.

3. Eine ausführliche Rechtfertigung Evangelischer Blindenseelsorge

Sie erscheint mir kaum erforderlich. Daß das Evangelium in konkrete Situationen hinein zu verkündigen sei, um verstanden zu werden, ist seit den Anfängen christlicher Verkündigung so gut wie unumstritten. Blindheit ist eine besondere Situation, wie noch zu zeigen sein wird. Und daß es in der Blindenseelsorge in erster Linie um die Verkündigung des Evangeliums in die besondere Situation des blinden Menschen geht, sei ausdrücklich betont.[22]

Evangelium in der besonderen Situation des blinden Menschen: von dieser Vorgabe her sind Ausrichtung und Ziele Evangelischer Blindenseelsorge zu bestimmen:

- in der Begegnung mit dem Evangelium von Jesus Christus soll der Nichtsehende erfahren, daß er angenommen ist – angenommen mit seinen körperlichen und seelischen Schwierigkeiten – mit seinen Möglichkeiten und seinen Grenzen.

- in der Begegnung mit dem Evangelium von Jesus Christus soll der Nichtsehende lernen, sich selbst anzunehmen – wiederum mit seinen körperlichen und seelischen Schwierigkeiten – mit seinen Möglichkeiten und seinen Grenzen.

- Der Blinde soll durch weitgehende Information in die Lage versetzt werden, bewußt, d. h. mitdenkend, mitentscheidend und mithandelnd, in seiner Gemeinde zu leben.

- Die Gemeinde soll darüber informiert werden, in welcher Weise sie ihre blinden Gemeindeglieder aufnehmen kann, und zwar so, daß diese nicht nur gleichsam passiv konsumieren, sondern sich – entsprechend ihren Gaben und Begabungen – in der Gemeinde aktiv engagieren.

4. Was ist nun aber die besondere Situation des blinden Menschen?

Minderheiten bzw. Randgruppen haben in der Regel dies gemeinsam, daß sie von ihrer Umgebung *unreflektiert pauschal beurteilt* werden. Dabei ist – auf Blinde bezogen – zumindest das Spektrum dieser Pauschalbeurteilungen nach beiden Richtungen unbegrenzt. Die Beurteilungen – meist unbedachte Vorurteile – schwanken von ständiger Unterbewertung bis hin zu ständiger Überbewertung. Die Palette reicht von der Zuschreibung besonderer Begabungen bis hinüber zum Absprechen jeglicher Lebensqualität.

W. Thimm, Professor an der Ausbildungsstätte für Lehrer an Schulen für Blinde in Heidelberg, berichtet von einer diesbezüglichen Umfrage und stellt fest:

»98% der Befragten sprechen Blinden besondere Gaben zu. In der Reihenfolge der Häufigkeit sind dies: besseres Gehör, besseres Gedächtnis, Musikalität« (a.a.O. S. 98)[23].

Vermutlich liegt es an diesen besonderen Zuschreibungen durch die Umwelt, daß schon in der Antike Blinde vor allem im Tempelbereich als Musiker und Seher eingesetzt wurden. Überschaut man das Blindenwesen der letzten Jahrzehnte, so begegnen uns nicht wenige hochbegabte Persönlichkeiten, an denen sich solche Zuschreibungen zu rechtfertigen scheinen.

Aber auch das andere Extrem der Pauschalbeurteilungen fehlt nicht. Seit vor mehr als hundert Jahren der Franzose Diderot seinen »Brief über Blinde« schrieb[2], in dem er – neben vielem Zutreffenden und Wissenswerten – Blinde als mißtrauisch, gottlos und besonders grausam charakterisiere, sind derartige Stimmen nie ganz verstummt.

Zwischen diesen beiden Extrembeurteilungen schlägt das Pendel ständig hin und her. Irgendwo dazwischen liegen die Ergebnisse der oben erwähnten Umfrage W. Thimms:

»Nach dem ermittelten Profil wird der Blinde von Sehenden als ein von einem traurigen und harten Schicksal betroffener Mensch empfunden, der in seiner stillen, etwas gehemmten und zurückhaltenden Art zur Verinnerlichung neigt« (a. a. O. S. 96f).

Offenbar ist es leichter, den Angehörigen einer Minderheit bzw. Randgruppe eben als Glied dieser Gruppe zu beurteilen, als ihn in seiner ganz eigenen Individualität ernst zu nehmen, die mit seiner Behinderung meist in keinem unmittelbaren Zusammenhang steht. Ein überdurchschnittlich begabter Blinder wäre auch als Sehender überdurchschnittlich begabt. Ein blinder Querulant wäre vermutlich auch als Sehender ein Querulant. Pauschalbeurteilungen werden einem Menschen in keiner Weise gerecht.

Ist dies eindeutig festgestellt, dann gilt es freilich, auch das andere zu sehen: Blinde Menschen haben – der eine mehr, der andere weniger – ihre besonderen Probleme, mit denen sie zurechtkommen müssen. Das »mehr oder weniger« hängt sowohl vom Zeitpunkt der Erblindung als auch von der allgemeinen psychischen Verfassung ab.

Das spielt besonders bei dem wohl am schwersten zu ertragenden Tatbestand eine Rolle: Der blinde Mensch ist *ständig von anderen abhängig*. Dies gilt für den Bereich, in dem er sich bewegen muß, ebenso wie für die Bereiche, die er mit seinen geistigen Fähigkeiten zu durchdringen sucht. Er ist – in für ihn nicht vertrautem Gelände zumindest – darauf angewiesen, daß man ihn führt. Will er sich informieren bzw. weiterbilden, muß ihm vorgelesen werden. Durch energische Zielstrebigkeit gelingt es vielen, weitgehend unabhängig zu werden. Dabei spielt die Entwicklung technischer Hilfsmittel eine nicht zu unterschätzende Rolle. Unabhängigkeit zu erlangen gelingt jedoch bei weitem nicht allen. Selbst für diejenigen, denen es zu gelingen scheint, bleibt eine Fülle von spürbaren Abhängigkeiten, die weder durch Mobilitätstraining noch durch technische Hilfsmittel aus der Welt zu schaffen sind. Das Bewußtsein ständiger Abhängigkeit von anderen aber ist für viele blinde Menschen ein hartes Brot.

Aus dem Bewußtsein der Abhängigkeit erwachsen – fast automatisch – Folgeerscheinungen, die einem blinden Menschen das Leben verbittern. Abhängigkeit schafft *Einsamkeit*, weil nicht ständig jemand zur Stelle ist, der helfen könnte, wo Hilfe erforderlich wird. Besonders ältere Menschen fühlen sich, wenn sie erblinden, oft allein gelassen. Die Klage, »niemand kümmert sich um mich«, begegnet in der Blindenseelsorge weit öfter als sonst. Und die Feststellung Mutter Theresas von Kalkutta, die schlimmste Krankheit sei nicht Lepra oder Tuberkulose – wir müßten hinzufügen: die schlimmste Behinderung sei nicht die Blindheit –, »sondern das Gefühl, von niemandem angesehen zu werden, ungeliebt zu sein, verlassen von jedermann« (zitiert nach KNA), trifft auch auf manchen Blinden in der Bundesrepublik genauso zu.

Aus der Einsamkeit aber werden bald *Verbitterung und Resignation* geboren. Von der Klage »niemand kümmert sich um mich« bis zu jener resignierten Feststellung »niemand braucht mich« ist es nur ein kleiner Schritt. Dieser Resignation begegnet man besonders häufig unter denen, die im Alter das Augenlicht verlieren. Das Bewußtsein, welches Menschen beim Übergang in den Ruhestand wohl durchweg bedrängt, plötzlich in eine unausweichliche Isolierung abgeschoben zu sein, wird durch den Verlust des Sehvermögens erfahrungsgemäß erheblich verstärkt.

Der auf diese Weise Betroffene – wohl kaum nur der ältere Blinde – stellt weit öfter als jeder andere die Frage nach dem Sinn seines Lebens. Auf dem Verbandstag des Deutschen Blindenverbandes e.V. im Oktober 1978 in Kassel stellte dessen Vorsitzender, Dr. H. Geißler, folgende Beobachtung zur Diskussion[24]:

»Durch geschichtliche Gegebenheiten bedingt, war für unsere Gesellschaft bisher ein auf Erfolg gerichtetes Leistungsstreben maßgebend. Dieses Streben darf auch in Zukunft nicht aufgegeben werden, weil es die Grundlage unseres Wohlstandes ist, auf den wir ernstlich nicht verzichten wollen. Es befriedigt jedoch allein nicht. Immer häufiger wird nach dem Sinn des Lebens gefragt.«

Wenn dies schon für die Gesellschaft allgemein gilt, um wie vieles mehr werden wir der Frage nach dem Sinn des Lebens in Gesprächen mit Blinden – mit wie auch immer Behinderten überhaupt – begegnen. Mit sich und der Welt wird der Erblindete nicht mehr fertig. Dabei haben es diejenigen vergleichsweise noch schwerer, die nach ihrer Erblindung auch von ihren Angehörigen nicht mehr verstanden, nicht mehr ernst genommen werden.

Eine besondere Rolle – das hängt mit dem eben Dargestellten sicher zusammen – spielt im Leben des Blinden wie im Leben jedes Behinderten ganz allgemein das Gefühl der eigenen Minderwertigkeit. Es kann sich in zwei Richtungen auswirken. Bei nicht wenigen blinden Menschen liegt an dieser Stelle die Wurzel für stark ausgeprägte Hemmungen. Das ist freilich nicht nur für Blinde typisch. Auch bei »völlig gesunden« Menschen gibt es diese Erscheinung. Meist jedoch entwickelt sie sich aus einer Behinderung besonders ausgeprägt. Man hält seine Umgebung wegen der vollen Verfügbarkeit aller Sinne und wegen des unmittelbar möglichen Zugriffs zu Informationen für weit überlegen und ist gehemmt, seine eigenen, angeblich viel zu bescheidenen Gedanken und Kenntnisse in einem Gespräch einzubringen. Glücklicherweise geschieht es seltener, daß solche Hemmungen bis zur totalen Selbstisolierung führen.

Auf der anderen Seite aber geschieht es häufig, daß das Gefühl der eigenen Minderwertigkeit ins Gegenteil umschlägt. Viktor E. Frankl schreibt – und das scheint mir für Behinderte in besonderem Maß zu gelten:

»Tatsächlich wissen wir alle aus Erfahrung, daß gerade jene Menschen, die sich besonders unsicher fühlen, sich auch besonders hervorzutun pflegen – sei es nun, daß sie dies durch besondere Leistungen versuchen, dabei innerhalb der Gemeinschaft bleiben und dieser Gemeinschaft besonders nützlich werden – sei es, daß sie sich gegen die Gemeinschaft stellen und den übrigen Menschen nur imponieren wollen, also ihr Minderwertigkeitsgefühl durch den bloßen Schein der Überlegenheit zu kompensieren trachten.[25]«

Auch dies ist keineswegs typisch für Blinde; aber es gibt sie eben doch auch unter den Blinden: diejenigen, die erwarten, bei ihrem Auftreten sofort zum unbestrittenen Mittelpunkt des Geschehens zu werden.

Freilich: ob es sich hierbei um eine gleichsam naturgegebene Charaktereigenschaft handelt oder ob daran das Verhalten der anderen die Schuld trägt (falsche Erziehung z. B.): solche Menschen sind eher zu beklagen als anzuklagen. Mit Sicherheit aber gibt es nur einen Weg, sie zu »heilen« – von ihren zu Selbstisolierung drängenden Hemmungen oder von ihren gemeinschaftszerstörenden Egoismen: Sie müssen erfahren können, daß sie weder anderen im Wege stehen noch überflüssig sind, daß sie vielmehr auf ihre Art und an ihrem Platz gebraucht werden. »Kein Mensch kann auf die Dauer bestehen, ohne das Gefühl, etwas wert zu sein«, stellte vor Jahren ein Behinderter fest.

Das Evangelium in der besonderen Situation des blinden Menschen ist nach allem Gesagten also in erster Linie:

5. Der Versuch einer Antwort auf die Frage nach dem Sinn

Viktor E. Frankl – auch diese Sätze scheinen mir über alle Psychotherapie hinaus in besonderer Weise für die Seelsorge unter Behinderten wesentlich zu sein – ist der Meinung, Psychotherapie – und wir müssen hinzufügen: Seelsorge doch erst recht – habe es mit der »Sehnsucht der Menschen nach einem Lebensziel und Daseinszweck, nach einer konkreten Aufgabe und einem persönlichen Auftrag – mit einem Wort, mit dem Ringen um einen Daseinssinn« zu tun.

»Nietzsche hat einmal gesagt: ›Wer ein Warum zu leben hat, erträgt fast jedes Wie‹, d.h. Wer um einen Sinn seines Lebens weiß, dem verhilft dieses Bewußtsein mehr als alles andere dazu, äußere Schwierigkeiten und innere Beschwerden zu überwinden. Daraus ergibt sich, wie wichtig es wäre, dem Menschen zur Sinnfindung in seinem Dasein zu verhelfen« (a.a.O. S. 36).

In der Satzung des Christlichen Blindendienstes e.V., des Dachverbandes Evangelischer Blindenseelsorge, stellt sich dies wie folgt dar:

Paragraph 2: Zweck des Vereins.

1) Der Verein will christlichen Glauben und christliches Leben unter den Blinden wecken und vertiefen und sie zu aktiver Teilnahme am Leben ihrer Gemeinden ermutigen und befähigen.

2) Der Verein erfüllt seine Aufgaben insbesondere, indem er
   1. gleichgerichtete Bemühungen im Bereich einzelner Kirchen anregt, fördert und koordiniert,
   2. die Gemeinden über die Notwendigkeit und Möglichkeit unterrichtet, Blinde aktiv an ihrem Leben teilnehmen zu lassen,
   3. Blinden Gelegenheit zu seelsorgerlichem Gespräch und Briefwechsel bietet, Bibelteile, Zeitschriften u. christliches Schrifttum in Blindenschrift und auf Tonband verbreitet sowie Freizeiten und andere Begegnungen für Blinde durchführt.

Diese wenigen Sätze fassen – in einem gebündelten Strahl gleichsam – alles zusammen, was Evangelische Blindenseelsorge beinhaltet. Was in den folgenden Abschnitten an Aktivitäten zu beschreiben ist, stellt eine Entfaltung der genannten Zwecke und Ziele dar.

6. Evangelische Blindenseelsorge – ihre Geschichte im Überblick[26]

Wo uns in der Bibel Blinde begegnen, handelt es sich fast ausschließlich um Bettler. Sie leben von Almosen, die ihnen das Mitleid anderer zukommen läßt. Wenn wir heute in unseren Straßen –

ausnahmsweise – einem blinden Bettler begegnen, dann berührt uns dies peinlich. Nichts desto weniger begegnen sie uns im Land der Bibel – und nicht nur dort – bis heute. Noch vor einem Jahrhundert war es in Deutschland nicht wesentlich anders. Blinde galten in der Regel als Randglieder der Gesellschaft. Keiner wußte so recht etwas mit ihnen anzufangen. Und wo man sich einmal um sie kümmerte, tat man es bestenfalls aus christlicher Nächstenliebe.

Daneben aber gab es, wie bereits erwähnt, seit dem Altertum auch die besondere Hochschätzung der Blinden. Man traute ihnen besondere Klugheit – vor allem einen besonders tiefen Blick in das Wesen der Dinge – zu. Auch der Schriftsteller Homer soll blind gewesen sein.

Um die Wende vom 18. zum 19. Jahrhundert setzte die systematische Blindenbildung ein. Die lateinischen Buchstaben wurden erhaben in festes Papier geprägt. Auf diese Weise wurde den Blinden ein – wenn auch geringer – Teil der Literatur zugänglich. Einen wirklichen Wendepunkt freilich brachte erst die Erfindung der noch heute verwendeten Blindenschrift durch den Franzosen Louis Braille. Das System baut auf der Grundform der 6 Punkte (zwei neben einander, drei untereinander, wie auf einem Spielwürfel) auf. 63 verschiedene Kombinationsmöglichkeiten einzelner Punktgruppen erlauben das Schreiben einer Vielzahl von Buchstaben und Zeichen.

Die Gründung von Blindenschulen in allen europäischen Ländern – heute in fast allen Ländern der Erde – machte es möglich, Blinde für eine Reihe von Berufen auszubilden und sie auf diese Weise einer weitgehenden Rehabilitation entgegen zu führen. Diese Entwicklung wurde in erheblichem Umfang gefördert durch die Gründung der Blindenselbsthilfeverbände in den ersten Jahrzehnten unseres Jahrhunderts. Diese Verbände (vergleiche Anmerkung[22]) veröffentlichen informatorisches Schrifttum, führen Blinde zum gegenseitigen Erfahrungsaustausch zusammen, wirken auf die Sozialgesetzgebung ein und versuchen, in allen Berufssparten Arbeitgeber zu gewinnen, die bereit sind, Blinde zu beschäftigen.

Daß es mit äußeren Erfolgen im Blindenwesen allein nicht getan ist – auch dies wurde bereits um die Jahrhundertwende erkannt. Für die 5 Blinden, die im Jahr 1904 in Frankfurt am Main die »Gesellschaft für christliches Leben unter den deutschen Blinden« ins Leben riefen, war letzte Hilfe nur an der Wurzel menschlicher Existenz möglich. Paul Reiner, ein Prediger aus Mainz, Henri Kollas, ein Blindenlehrer aus Frankfurt, und Julius Reusch, ein Organist aus Darmstadt, waren die führenden Köpfe der ersten Jahrzehnte. Ihr Ziel: Blinde zum Glauben zu rufen und sie mit Literatur in Blindendruck – mit der Bibel vor allem – zu versorgen. Die noch heute vom Christlichen Blindendienst e. V. herausgegebene Zeitschrift »Der Beste Freund« erschien erstmalig im Jahr 1905. Die gesamte Bibel in Blindendruck – 32 umfangreiche Bände – lag Anfang der 30iger Jahre fertig vor.

Im Jahr 1927 erwarb die »Gesellschaft für christliches Leben unter den deutschen Blinden« das Anwesen Pulvergarten 2 in Wernigerode am Harz, wo Julius Reusch mittlerweile als Organist an der Liebfrauenkirche tätig war. Bis heute beherbergt das Haus im Pulvergarten die einzige evangelische Blindenschriftdruckerei des deutschsprachigen Raumes, eine Leihbücherei für Blinde sowie ein kleines Blindenerholungs- und -freizeitheim. Die Erzeugnisse der dortigen Blindenschriftdruckerei – Bibeln, Gesangbücher, die Losungen der Herrnhuter Brüdergemeine sowie zahlreiche sonstige Werke aus dem Bereich des evangelischen Schrifttums – werden zu rd. 70% an Blinde in der Bundesrepublik und Westberlin verkauft.

Die Zeit des Dritten Reiches – die Wirren des Krieges vor allem – brachten auch für die Arbeit der »Gesellschaft . . .« erhebliche Schwierigkeiten mit sich. Vieles war nicht mehr möglich. Nach dem Krieg begann man langsam wieder aufzubauen. Die Zweiteilung Deutschlands hatte neue Probleme im Gefolge.

Im Jahr 1953 löste man die »Gesellschaft für christliches Leben unter den deutschen Blinden« offiziell auf und gründete – in Ost und West getrennt, aber doch unter dem gleichen Namen und hier wie dort als Fachverband des Diakonischen Werkes – den »Christlichen Blindendienst«.

Unter Leitung des im 1. Weltkrieg erblindeten Predigers Fritz Riexinger befand sich die Geschäftsstelle des Christlichen Blindendienstes e. V. in der Bundesrepublik zunächst zwei Jahre in Heidelberg. Schon 1955 mußte Riexinger aus Gesundheitsgründen die Leitung des Werkes in andere Hände legen. Der im 2. Weltkrieg erblindete Pastor Heinz Berner übernahm den Vorsitz, und die Geschäftsstelle wurde für die nächsten 11 Jahre nach Schleswig verlegt. Berner gelang es, den Christlichen Blindendienst zu einem Werk der Evangelischen Kirche auszubauen. Aber auch ihm blieb für seine intensive Arbeit nur ein gutes Jahrzehnt. Seine Kriegsleiden schwächten ihn mehr und mehr. Im Dezember 1966 – kurz nach dem er die Arbeit aus der Hand gegeben hatte – wurde er heimgerufen.

Rund 10 Wochen vorher – im Oktober 1966 – war die Geschäftsstelle des Christlichen Blindendienstes e. V. nach Marburg/Lahn verlegt worden, wo sie seit 1971 in eigenen Räumen untergebracht ist. 1979/80 konnte das Dienststellengebäude (Bundesgeschäftsstelle und Evangelische Blindenhörbücherei) gründlich umgebaut und wesentlich erweitert werden. Dem Verfasser dieses Buches wurde Anfang 1967 Vorsitz und Geschäftsführung des Werkes übertragen.

Der Christliche Blindendienst ist Dachverband der Evangelischen Blindenseelsorge im Bereich der Evangelischen Kirche in Deutschland. Mitglied des Vereins kann laut Satzung werden, wer evangelisch ist und sich darüber hinaus bereiterklärt, »den Verein in seinen Bestrebungen durch Rat und Tat zu unterstützen«. Im wesentlichen sind dies die Mitarbeiter der einzelnen Landesverbände – Blinde und Sehende, Pfarrer, Diakone, Gemeindehelferinnen, Juristen und aktiv mitratende und mitarbeitende Blinde aus mancherlei Berufen. Alle wichtigen Beschlüsse für die Arbeit werden von der Mitgliederversammlung gefaßt, die einmal jährlich einberufen wird. Für jeweils 4 Jahre wählt sie den fünfköpfigen Vorstand.

Evangelische Blindenseelsorge hat sich – was ihre Organisationsform betrifft, gleichsam von oben nach unten entwickelt. Der Christliche Blindendienst arbeitete in den ersten Jahren seines

Bestehens fast ausschließlich überregional. Er organisierte Freizeiten und Treffen in verschiedenen Landesteilen. Nach und nach gruppierten sich um diese Freizeiten festere Formen der Arbeit. Von der Zentrale wurden dazu bewußt Anregungen und Anstöße gegeben. Auf diese Weise wurde im Lauf der Jahre die Blindenseelsorge in den einzelnen Landeskirchen aufgebaut.

Die Organisationsform in den verschiedenen Bereichen der Evangelischen Kirche in Deutschland ist nicht einheitlich. So können die unterschiedlichsten Bezeichnungen nebeneinander stehen: »Blindenseelsorge der Evangelischen Kirche von. . .«, »Christlicher Blindendienst in . . .«, »Evangelischer Blindendienst in . . .« u. a. In der Regel wird von der Kirchenleitung ein Pfarrer mit der Wahrnehmung der Blindenseelsorge im Bereich seiner Landeskirche beauftragt. Nicht in allen Fällen kann dies ein blinder Pfarrer sein. Dem Beauftragten ist es überlassen, wie er die Arbeit in seinem Kirchengebiet organisiert und durchführt. Eine Reihe von Landesverbänden hat jeweils eigene Geschäftsstellen mit hauptamtlichen Mitarbeitern.

7. Die Arbeit Evangelischer Blindenseelsorge heute geschieht im wesentlichen in vier Bereichen:

a) Freizeiten und Tagestreffen. Diese Veranstaltungen werden in der Regel regional im Bereich einzelner Landeskirchen durchgeführt. Weitgehende Übereinstimmung besteht darin, daß in fast allen diesen Freizeiten und Treffen im Mittelpunkt die Bibel steht: Bibelarbeiten, Gottesdienste, Andachten. Ergänzt wird dieses grundlegende Nachdenken unter dem Wort Gottes durch Vorträge und intensive Gespräche über Fragen um Kirche und Theologie. Es versteht sich von selbst, daß dabei die besonderen Probleme, die sich aus der Blindheit der Teilnehmer ergeben, berücksichtigt werden, wo immer dies möglich ist. Vorlesen, gemeinsames Singen und Wandern sowie genügend Freiraum zum persönlichen Erfahrungsaustausch in geselliger Runde ergänzen das Programm der Bibel- und Erholungsfreizeiten. Die Zahl solcher – zwischen 5 oder 21 Tage dauernder – Rüstzeiten liegt bei 55 im Jahr.

Die Zahl der Teilnehmer beträgt, je nach Größe des Freizeitheimes, zwischen 20 und 90. – Die Zahl der Tagestreffen ist statistisch nicht zuverlässig erfaßt. Eine Schätzung müßte ungenau bleiben. Lediglich dies sei festgestellt: An zahlreichen Orten der Bundesrepublik und in Westberlin treffen sich regelmäßig Blindenkreise, sei es monatlich oder sei es zwei- bis sechsmal im Jahr.

Nicht jedermann hält besondere Blindenfreizeiten für notwendig und förderlich. Man sagt gelegentlich, derartige Veranstaltungen liefen dem Gedanken der Integration stracks zuwider. Folgende Sätze mögen dies verdeutlichen:

»Wie sehr der Druck, sich bei Blindheit den unter Sehenden üblichen Verhaltensweisen gegenüber konform zu verhalten, von den Blinden selbst empfunden wird, zeigt sich beispielsweise, wenn der Bau von eigenen Blindenerholungsheimen damit begründet wird, daß das unablässige sich Beobachtetfühlen und der Zwang zu unauffälligem Verhalten den Blinden übermäßig viel Kraft koste und wenigstens im Urlaub einmal fortfallen müsse. Hier wird expressis verbis ausgedrückt, was auch die anderen Einrichtungen der Blindenselbsthilfe anbieten: Zeitweise Absonderung zum Beispiel im Raum der geselligen Freizeitkontakte, um dem als ungeheuer empfundenen Druck zu konformem Verhalten unter Sehenden, wie er auf allen Sozialbeziehungen zu Sehenden lastet, wenigstens zeitweise ausweichen zu können« (Thimm a.a.O. S. 148).

»Für viele Blinde bedeutet der verstärkte soziale Verkehr mit Schicksalsgefährten ein Ersatz für viele Sozialbeziehungen zu Sehenden« (ebenda S. 152).

Wer über diese Sätze unvoreingenommen nachdenkt, wird zugeben, daß der Verfasser die Situation ein Stück weit richtig wiedergibt. In der Tat bedeutet es für einen Blinden so etwas wie Leistungsdruck, sich unter Sehenden so normal wie irgend möglich verhalten zu müssen. Daraus ergibt sich – im Blick auf die oben genannten Freizeiten zum Beispiel – der verständliche Wunsch, in Freizeitheimen möglichst nicht mit anderen Gruppen zusammen zu sein, weil es vielen unangenehm ist, sich ständig beobachtet zu fühlen. Andererseits jedoch hat es sich häufig erwiesen, daß da, wo eine Blindenfreizeit mit einer anderen Freizeitgruppe in einem

Freizeitheim gleichzeitig untergebracht werden mußte, von dieser Gemeinsamkeit eine starke informatorische Wirkung auf die andere Gruppe ausging. – Wenn Thimm also teilweise richtige Beobachtungen anspricht, so wird man seinen Ausführungen aber hinzufügen müssen: Kirchlich-seelsorgerliche Blindenfreizeiten sind in keiner Weise als Maßnahmen der Absonderung zu verstehen. Sie sollen die Teilnehmer vielmehr befähigen, gerade aus ihrer Isolierung herauszufinden – auch am Wohnort und in der christlichen Gemeinde aus ihrer Isolierung auszubrechen und dadurch zu erweiterter und vertiefter Integration zu gelangen. Daher steht neben der speziellen Blindenfreizeit immer auch die Ermutigung, sich Freizeitgruppen von Sehenden anzuschließen. Viele haben dies mit gutem Erfolg getan.

Dem missionarisch-seelsorgerlichen ebenso wie dem informatorischen Anliegen Evangelischer Blindenseelsorge versuchen

b) die Zeitschriften gerecht zu werden. Insgesamt sind es 9 regelmäßige Veröffentlichungen die der Christliche Blindendienst selbst herausgibt – daneben 3 weitere im Auftrag befreundeter Organisationen. Sie erscheinen monatlich oder zweimonatlich in Blindenvollschrift, Blindenkurzschrift, Normaldruck, Großdruck bzw. auf Tonträgern. In unterschiedlicher Häufigkeit erscheinen daneben in den einzelnen Landesverbänden Rundbriefe – ebenfalls in Blindendruck, in Normaldruck und auf Tonträgern. Durch dieses vielfältige Angebot an Zeitschriften und Magazinen wird versucht, sowohl alle Altersgruppen anzusprechen als auch den unterschiedlichen Bildungsstand der Bezieher zu berücksichtigen.

Inhaltlich unterscheiden sich diese Veröffentlichungen nicht wesentlich von Zeitschriften für Sehende. In vielen Fällen handelt es sich um Übernahmen von Beiträgen aus Pressediensten und namhaften kirchlichen Zeitschriften. Auslegungen biblischer Texte stehen neben Betrachtungen über kirchliche und theologische Themen, Gedichten, Erzählungen sowie Berichten – letztere vorwiegend aus dem Bereich Evangelischer Blindenseelsorge. Eine große Zahl von Beiträgen indessen wird regelmäßig von Mitarbeitern des Christlichen Blindendienstes verfaßt.

Die Erwähnung von Magazinen auf Tonträgern weist auf einen weiteren Arbeitsbereich Evangelischer Blindenseelsorge:

c) die Evangelische Blindenhörbücherei. Lediglich 12% der Blinden beherrscht die Blindenschrift. In Blindendruck erscheinende Literatur ist dem weitaus größten Teil blinder Menschen demnach nicht zugänglich. Dazu kommt die Tatsache, daß die Erstellung von Blindendrucken – vor allem wegen der geringen Auflagenhöhe – unverhältnismäßig teuer ist. (Ein Blindenschriftbuch kostet – je nach Art der Literatur – in den meisten Fällen bis zum 10fachen des entsprechenden Buches in Normaldruck). Weiter fällt ins Gewicht, daß nur verhältnismäßig wenige Blinde ständig jemanden zur Verfügung haben, der ihnen vorliest. Aus diesen Gründen ist unter Nichtsehenden begreiflicherweise ein unaufhörlich zunehmendes Informationsdefizit unvermeidlich. Die Arbeitsgemeinschaft Deutscher Blindenhörbüchereien versucht – zu einem Teil wenigstens – Abhilfe zu schaffen. Ihr gehören – auf die einzelnen Bundesländer verteilt – 12 Blindenhörbüchereien an, dazu einige weitere im Ausland. Hier wird die Technik in den Dienst der blinden Menschen gestellt. Die weite Verbreitung, die das Tonbandgerät seit Anfang der 50er Jahre gefunden hat, dazu kommt seit Anfang der 70er Jahre der Cassettenrekorder –, wurde und wird in einem erheblichen Umfang für den Sehbehinderten nutzbar gemacht. Das Tonband bietet die Möglichkeit, den Blinden das Neueste und Aktuellste aus allen Bereichen der Literatur relativ kurzfristig zur Verfügung zu stellen. Von zahlreichen Sprechern werden – meist in eigens dazu errichteten Tonstudios – die Bücher auf Band gelesen. Von den Originalbändern werden Kopien angefertigt und leihweise an interessierte Blinde abgegeben. Solche »Hörbücher« dürfen nur an Blinde verliehen werden, die sich schriftlich verpflichten, die Bänder nicht ihrerseits zu kopieren. Die entsprechenden Verlage erteilen die Lizenz im allgemeinen gern und gebührenfrei. Rund 16 000 verschiedene Titel aus allen Bereichen der Literatur sind – bis zum Erscheinen dieses Buches – in allen Hörbüchereien zusammengenommen auf Tonträger aufgesprochen.

Der Christliche Blindendienst unterhält eine eigene Blindenhörbücherei, die der genannten Arbeitsgemeinschaft angehört. Die Mitte 1980 zur Verfügung stehenden rd. 1200 Titel entstammen fast ausschließlich dem Bereich der Evangelischen Literatur. Annähernd 1000 Hörer im gesamten deutschen Sprachgebiet werden laufend mit Literatur auf Tonband und Cassette versorgt. Zwischen 35 und 40 000 Tonbänder und Cassetten werden pro Jahr versandt. Es wird auch durch die Arbeit der Blindenhörbüchereien nicht gelingen, das Informationsdefizit blinder Menschen vollends abzubauen. Die Dankbarkeit der Hörer aber, die die hier gebotenen Möglichkeiten sowohl der Unterhaltung als auch der Weiterbildung nutzen, zeigt, wie wichtig gerade dieser Zweig Evangelischer Blindenarbeit ist.

d) Die Einzelseelsorge ist statistisch, wenn überhaupt, nur sehr schwer zu erfassen. Freilich: man kann in Listen zusammenschreiben, wie viele Briefe geschrieben, wie viele Telefongespräche geführt und wie viele Hausbesuche gemacht wurden. Über wirkliche Seelsorge wäre mit solchem Zahlenmaterial jedoch so gut wie nichts ausgesagt. Gerade dieses sich Kümmern um den einzelnen aber ist der wichtigste Bereich Evangelischer Blindenseelsorge – wie des seelsorgerlichen Dienstes überhaupt. Diese Seelsorge geschieht durch Hausbesuche, am Telefon, im Briefwechsel (Blindenschrift, Normalschrift, Tonträger) und vor allem im Einzelgespräch während der beschriebenen Veranstaltungen. Wir können nur hoffen, daß Gott jedes dieser Gespräche und jeden dieser Briefe mit seinem Segen begleitet. Hier wird besonders deutlich, was zu Beginn dieses Kapitels als Kern Evangelischer Blindenseelsorge bezeichnet wurde: Verkündigung des Evangeliums in die konkrete Situation des blinden Menschen. Es wird ebenso das genannte Ziel deutlich bleiben müssen. Der Versuch einer Antwort auf die Frage nach dem Sinn. »Wer ein Warum zu leben hat, erträgt auch fast jedes Wie« (Nietzsche).

Hinzugefügt seien dieser Darstellung Evangelischer Blindenseelsorge im Bereich der Bundesrepublik und Westberlins einige Hinweise auf ähnliche Seelsorgedienste.

8. In der DDR und in anderen Ländern

Im Jahre 1953 wurde parallel zum Christlichen Blindendienst in der Bundesrepublik auch in der DDR dieser Seelsorgeverband gegründet. Auch dort werden Bibel- und Erholungsfreizeiten für Blinde durchgeführt. Auch dort besteht die Einrichtung der Evangelischen Blindenhörbücherei. Besonders hervorzuheben ist das Existieren einer Vielzahl von festen Ortskreisen – mehr als 200 in fast allen größeren Städten –, die in der Regel monatlich zu »Blindenbibelstunden« zusammen kommen.

Organisatorisch selbständig, jedoch mit dem vorgenannten Fachverband im Diakonischen Werk eng verbunden und namensgleich, arbeiten Druckerei und Erholungsheim in Wernigerode. Einzelheiten über die Arbeit dieses Werkes wurden bereits mitgeteilt.

Ähnlichen Aktivitäten begegnen wir in der Schweiz, in England, Frankreich, Spanien, Schweden, den Niederlanden und zahlreichen außereuropäischen Ländern, besonders ausgeprägt in Australien, Japan, Indien und Nigeria.

Weltweit sind alle diese Aktivitäten Evangelischer Blindenseelsorge zusammengefaßt in der 1976 während einer Internationalen Konferenz geschaffenen Arbeitsgemeinschaft »Christ for the Blind International«. Dieser Arbeitsgemeinschaft gehört neben den Verbänden der Blindenseelsorge der einzelnen Länder auch die Christoffel-Blindenmission an, die in mehr als 70 Ländern der Erde im Bereich der Behinderten-Diakonie und der Seelsorge – beides ist voneinander nicht zu trennen – ihren segensreichen Dienst ausrichtet.

Dies sind im wesentlichen die Voraussetzungen, Organisationsformen und Arbeitsweisen Evangelischer Blindenseelsorge.

NACHWORT

Wenn Sie nun am Ende dieses Buches über Blindenseelsorge angekommen sind, werden Sie sich und mich möglicherweise fragen, ob dies alles, was in den verschiedensten Kapiteln zusammengetragen ist, denn wirklich mit Seelsorge zu tun habe.

Verkündigung des Evangeliums – von dieser Zielvorstellung jeglicher Seelsorge ist nichts preiszugeben. Aber auch dies gilt es zu bedenken: Die erste Reaktion auf die Verkündigung des Evangeliums wird – in der Behindertenseelsorge zumal – in der Regel negativ sein. Mit dem einfachen Zuspruch »Gott hat dich trotzdem lieb« –, so wahr dieser Satz ist – werden häufig Türen eher verschlossen als aufgetan. Viele Wahrheiten – auch Zusagen des Evangeliums – benötigen eines Vehikels, um verstanden und angenommen zu werden.

Wer das Neue Testament aufschlägt, sollte vor folgendem Tatbestand die Augen nicht verschließen: Die von uns auf dem Hintergrund von Philosophie und Psychologie so gern und vorschnell postulierte Unterscheidung zwischen Leib und Seele spielt dort so gut wie keine Rolle. Eine Seele, die sich als etwas gleichsam Höheres über den verderbten und sündhaften Leib erhebt, sich zu Gott emporschwingt und den Leib seiner Vergänglichkeit überläßt, ist nicht denkbar. Leib und Seele gehören untrennbar zusammen – bilden eine Einheit. Wenn ich die biblischen Berichte überdenke, dann scheint es mir so zu sein, als meine der Begriff »Seele« den Ort, besser gesagt: das Geschehen, in dem sich der Mensch auf Gott einläßt – und zwar der ganze Mensch mit allen Funktionen seines Körpers, seiner Psyche und seines Geistes. Der Mensch – jener irdisch-leibliche Mensch –, der sich in Vertrauen und Gehorsam auf Gott einläßt, weil er sich von Gott geschaffen und angenommen weiß, wird zur »lebendigen Seele«.

Jesus hat diesen Tatbestand dadurch zum Ausdruck gebracht, daß er durchweg den ganzen Menschen ins Auge faßte. Die Heilung des kranken Körpers und die Vergebung der Sünde bilden in seinem Tun eine ständige Einheit. Das Wort von der Vergebung ist daher ohne das Wort von der Liebe zum Bruder nicht zu denken. Wenn ich die Seele als das Geschehen definierte, in dem der Mensch – seine volle Leiblichkeit inbegriffen – in Vertrauen und Gehorsam vor Gott steht, von dem er sich geschaffen und angenommen weiß, dann kann Seelsorge im weitesten Sinn doch nur das Unterfangen bedeuten, denjenigen, an den wir gewiesen sind und der uns anvertraut ist, zu jenem Geschehen hinzuführen, in dem er sich von Gott als Angenommener erkennt. Dieses hinführende Tun aber schließt nach dem Vorbild, das Jesus jedem Seelsorger gegeben hat, die Vergebung der Sünde, den Zuspruch der Liebe Gottes und die helfende Zuwendung immer in eins zusammen. Seelsorge im weitesten Sinn ist daher meines Erachtens immer auch die Tat der Liebe – ist Fürsorge – ist Diakonie. Denn der Ort, an dem der Mensch Gott begegnet, ist immer auch der Ort, an dem er Liebe erfährt und Liebe weitergibt.

Die erste Christengemeinde in Jerusalem hat dem dadurch Rechnung getragen, daß sie neben den Aposteln, die durch die Verkündigung des Wortes hinlänglich in Anspruch genommen waren, Diakonie einsetzte (Apostelgeschichte 6), denen in erster Linie die Aufgabe zukam, Arme, Kranke, Witwen und Waisen – nicht ausdrücklich erwähnt, aber wohl mit eingeschlossen – Behinderte zu versorgen. Daß auch hierbei der äußere Dienst der Nächstenliebe und die Verkündigung des Evangeliums nicht zu trennen sind, zeigt die Tatsache, daß der dem Kreis der Diakone zugehörige Stephanus ein hochgeschätzter Prediger war.

Aus dem allen scheint sich mir die unausweichliche Folgerung zu ergeben, daß Verkündigung und Diakonie – auch in unserer seelsorgerlichen Tätigkeit – nicht voneinander zu trennen sind.

P. Toaspern[27] hat ohne Zweifel recht, wenn er ausführt:

»Seelsorge im neutestamentlichen Verständnis bedeutet im engeren Sinn eine Form der Weitergabe von Gottes Wort. Das gilt für Jesu Reden und Handeln wie auch für das seiner Nachfolger. Weil Christen in der apostolischen Zeit beständig ›in der Apostel Lehre‹ (Apostelgeschichte 2,42) bleiben, lebt auch ihr Dienst aus dem Wort und bezeugt die Botschaft des Evangeliums.«

So unumstritten dies auch heute zu gelten hat, daß Seelsorge im engeren Sinn Zuspruch der Botschaft von Gottes Liebe bedeutet – auch Toaspern weiß um die Notwendigkeit des diakonischen Aspektes von Seelsorge:

»Es geht in der Seelsorge nach dem Neuen Testament zwar primär um eine Hilfe am ›inneren‹ Menschen, aber doch zielt alles Helfen auf den ganzen Menschen und schließt oft den diakonischen Bereich mit ein. Heil und Wohl werden nicht grundsätzlich getrennt (a.a.O.).«

Nach allem bisher Ausgeführten ergibt sich beinahe zwangsläufig die Notwendigkeit, von der Seelsorge im weitesten Sinne als von »diakonischer Seelsorge« zu sprechen. Ob dieser Begriff für jede Form der Seelsorge Geltung beanspruchen darf, darüber mag man unterschiedlich urteilen. Daß er im Blick auf Behindertenseelsorge jeglicher Art die notwendige Form von Seelsorge ist, scheint mir indessen unbezweifelbar.

Konkret bedeutet das – um an dieser Stelle nur einen Gesichtspunkt zu nennen: In der Blindenseelsorge gilt es, Kontakte auch im rein menschlichen Bereich zu vertiefen und, wo solche nicht vorhanden sind, zu schaffen. Auf diese Weise gilt es dafür Sorge zu tragen, daß Blinde – Behinderte überhaupt – nicht unverstanden und isoliert verkümmern.

Von daher gesehen ist dieses Buch ein Buch über Seelsorge. Ohne Zweifel gehört nicht jeder Hinweis, der gegeben wird, zur Seelsorge im engeren Sinn. Aber alles ohne Ausnahme – davon bin ich zutiefst überzeugt – gehört zur Seelsorge im weitesten Sinn, zu jener Seelsorge, die ich bewußt »diakonische Seelsorge« nannte.

Eine Bestätigung dieser Auffassung scheinen mir die drei Thesen zu sein, die Manfred Seitz seinen Überlegungen über Seelsorge[28] voranstellt und die hier als Zusammenfassung der vorangegangenen Gedankengänge stehen mögen:

1. »Seelsorge ist Beistehen in den Grundsituationen des Lebens vom Evangelium her.
2. Adressat ist der ganze Mensch in seiner von Gott entfremdeten Geschöpflichkeit.
3. Ihr Ziel ist sein Heilwerden durch das helfende Gespräch im Bekenntnis des Glaubens.«

So verstehen Sie bitte – wenn Sie auf das Gelesene zurückschauen – die einzelnen Fragen, die erörterten Probleme und die gegebenen Hinweise. Mögen die hier niedergeschriebenen Tatbestände und Überlegungen dazu helfen, daß blinde Menschen – entsprechend dem Ziel Evangelischer Blindenseelsorge – sowohl sich selbst annehmen mit ihren Grenzen und Möglichkeiten – daß sie sich aber auch angenommen wissen – von Gott angenommen wissen und von ihrer Umwelt. Beide müssen dazu an ihrem Platz ihr Teil beitragen: die Nichtsehenden sowohl als auch die Sehenden, mit denen sie zusammen leben und zusammen arbeiten. Schritte sind notwendig – zaghafte, kleine Schritte vielleicht – Schritte aber immer von beiden Seiten. Daß wir aufeinander zugehen – voneinander lernen – ohne einander nicht sein wollen – miteinander unseren Vater im Himmel preisen – wo dies sich ereignet, da ist das Ziel Evangelischer Blindenseelsorge erreicht.

ANMERKUNGEN

[1] Heinz Berner: »Halt uns in der Tiefe fest«. Nachgelassene Gedichte. Hrsg. von Hans Rupp. Verlag des Rauhen Hauses, Hamburg, 1967.

[2] Denis Diderot: Brief über Blinde für Sehende. Aus dem Französischen übersetzt von Alexander Reuß. Sonderdruck aus den »Beiträgen zum Blindenbildungswesen« 1926/27. Der Text liegt mir in einer Blindendruckausgabe der Deutschen Blindenstudienanstalt aus dem Jahr 1927 vor.

[3] »Die Blindenselbsthilfe«, Organ des Deutschen Blindenverbandes e.V. Nr. 3/76.

[4] Superintendent Hans Werner Danowski in einer Morgenandacht im Norddeutschen Rundfunk am 22. 1. 1976 – zitiert nach »der Taubblinde«, Zweimonatsblatt für die deutschen Taubblinden, hrsg. vom Deutschen Blindenverband e.V. Bonn, Jahrgang 1976.

[5] Charlotte Nicolussi und Ludwig Beckenbauer: Der Blinde in der Gesellschaft – Kleine Winke für Blinde im Umgang mit Sehenden. Hrsg. vom Deutschen Blindenverband e.V. Bonn (alle Zitate nach der Blindendruckausgabe).

[6] K. Heslinga: Über die lebenspraktische Erziehung blinder Kinder. (aus dem Niederländischen). Carl-Marhold-Verlagsbuchhandlung, Berlin-Charlottenburg 1972, Seiten 5–7.

[7] »In Ängsten – und siehe, wir leben«. Vorbereitungsmaterial zum Kirchentag 1975 in Frankfurt. (Zitiert nach epd).

[8] Zitiert nach einer Verteilschrift der Evangelischen Volkskirchlichen Schriftenmission Lieme/Lippe aus dem Jahr 1975.

[9] Der Deutsche Evangelische Kirchentag 1975 in Frankfurt stand unter der Losung: »In Ängsten – und siehe, wir leben«. (2. Korinther 6,5/9). Anknüpfend an die Überlegung, daß auch blinde Menschen einer Fülle von Ängsten ausgesetzt sind, veranstaltete der Christliche Blindendienst einige Wochen vor dem genannten Kirchentag eine Studientagung für Blindenseelsorge unter dem selben Thema mit der Zusatzfrage: »Wie leben Blinde mit ihren Ängsten?« Während des Kirchentags in Frankfurt fand schließlich ein Sondertreffen für Blinde statt, währenddessen ich einen Vortrag hielt, der einerseits auf das Kirchentagsthema selbst, andererseits auf die vorerwähnte Studientagung für Blindenseelsorge Bezug nahm und der diesem Kapitel zugrunde liegt. Die Referate und Diskussionen der Studientagung sind nach einem Tonbandmitschnitt zitiert. Auch vom genannten Sondertreffen für Blinde während des Kirchentags wurde eine Tonbandaufzeichnung hergestellt, die beim Christlichen Blindendienst in Marburg ausgeliehen werden kann.

[10] Zitiert nach Dietrich Bonhoeffer: Das Gebetbuch der Bibel.

[11] Agende der Evangelischen Kirche von Kurhessen Waldeck, hrsg. vom Evangelischen Presseverband Kurhessen Waldeck, Kassel 1968. (Beilage zur Agende I. Glaubensbekenntnisse zur Erprobung 1972/73 vorgeschlagen vom liturgischen Ausschuß der Pfarrkonferenz des Kirchenkreises Marburg-Land am 5. Juli 1972).

[12] Dr. Friedel Heister: »Wer nicht sieht, wird nicht gesehen«. In: Jahrbuch für Blindenfreunde 1970. Hrsg. vom Deutschen Blindenverband e.V. Bonn. – Zitiert nach »Lux Vera«, Zeitschrift des Deutschen Katholischen Blindenwerks, Jahrgang 1974.

[13] OKR. Helmut Spengler, Darmstadt: Die Kirche und ihre behinderten Gemeindeglieder. Festvortrag, gehalten anläßlich des 25jährigen Jubiläums des Christlichen Blindendienstes e.V. im Kolpinghaus in Frankfurt/Main. Sämtliche in diesem Kapitel abgedruckten Ausschnitte sind nach dem Tonbandmitschnitt zitiert.

[14] Dr. Peter Radtke: Wenn der Lahme Weber träumt... Festvortrag anläßlich der Einweihung eines Rehabilitationszentrums für Körperbehinderte in Würzburg im Jahr 1977. Veröffentlicht in »Horus« – Marburger Beiträge zum Blind – Sehen. Hrsg. vom Verein blinder Geistesarbeiter Deutschlands e.V. Ausgabe 2/78.

[15] Zitiert nach einem mir damals zugesandten Tagungsprotokoll, das den Vortrag auf seine wesentlichen Aussagen verkürzt wiedergab.

[16] Aus einem eigenen, nicht veröffentlichten Gedicht.

[17] In ähnlicher Form abgedruckt in »Sinnesbehindert«, siehe unter Anmerkung 26.

[18] Arno Schilson: Gott kommt als Kind. Herder, Freiburg-Basel-Wien, 1977. Abschnitt V: Ein Kind des Lichts.

[19] Hilfsmittelzentralen: Deutsche Blindenstudienanstalt, Am Schlag 8, 3550 Marburg. Verein zur Förderung der Blindenbildung, Bleekstr. 26, 3000 Hannover 71.

[20] Die in diesem Abschnitt genannten Zahlen sind durchweg verschiedenen Vorträgen und Veröffentlichungen aus dem Bereich des Blindenwesens entnommen. Sie beruhen auf unterschiedlichen Erhebungen und Statistiken und gelten als einigermaßen gesichert.

[21] »Anhaltspunkte für die ärztliche Gutachtertätigkeit im Versorgungswesen«, Ausgabe 1973. Hrsg. vom Bundesminister für Arbeit und Sozialordnung. – Die hier gegebenen Anhaltspunkte haben im öffentlichen Recht in die Gesetzgebung (BSHG u. a.) Eingang gefunden.

[22] Mit Fragen der beruflichen und gesellschaftlichen Rehabilitation – mit Fragen der entsprechenden Gesetzgebung vor allem – befassen sich die Blindenselbsthilfeverbände: der Deutsche Blindenverband e. V. – der Bund der Kriegsblinden Deutschlands e. V. – der Verein blinder Geistesarbeiter Deutschlands e. V. Wo immer Fragen aus den genannten

allgemeinen Bereichen der Rehabilitation an Mitarbeiter der Evang. Blindenseelsorge herangetragen werden – was begreiflicherweise nicht selten geschieht –, raten sie, soweit es ihnen möglich ist, schalten jedoch möglichst umgehend die zuständigen Organisationen und Stellen ein.

23 Walter Thimm: Blinde in der Gesellschaft von heute. Untersuchungen zu einer Soziologie der Blindheit. Carl-Marhold-Verlagsbuchhandlung, Berlin-Charlottenburg 1971.

24 Zitiert nach »die Blindenselbsthilfe«, Organ des Deutschen Blindenverbandes e.V., Bonn, Ausgabe November 1978, Seite 2.

25 Viktor E. Frankl: Psychotherapie für den Laien – Rundfunkvorträge über Seelenheilkunde. Herder Freiburg 1971 (7. Auflage 1978, S. 33, 36).

26 Dieser Abschnitt wurde in annähernd gleichem Wortlaut abgedruckt in der Informationsschrift »Sinnesbehinderte«, hrsg. vom Diakonischen Werk der Evangelischen Kirche in Deutschland, Stuttgart 1977.

27 Paul Toaspern: Seelsorge im Neuen Testament. In: »Ruf an den Bruder«, Heft 30. Hrsg. von »Innere Mission u. Hilfswerk« der Evangelischen Kirchen in der DDR. Evangelische Verlagsanstalt Berlin 1973, Seite 3/4.

28 Manfred Seitz: Praxis des Glaubens (Gottesdienst, Seelsorge u. Spiritualität), 2. Auflage. Vandenhoeck u. Ruprecht, Göttingen 1979.